赵余宏　赵帆　编著

围棋入段教程
weiqi ruduan jiaocheng

死活
妙算的秘密

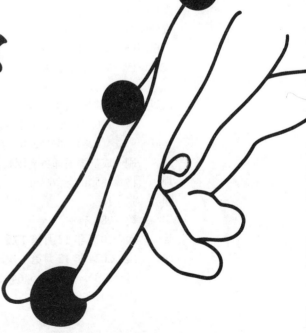

SIHUO MIAOSUAN DE MIMI

清晰、高效的**进阶之路**

成都时代出版社
CHENGDU TIMES PRESS

图书在版编目（CIP）数据

围棋入段教程．死活妙算的秘密 ／ 赵余宏，赵帆编著．－－ 成都：成都时代出版社，2024.12

ISBN 978-7-5464-3376-9

Ⅰ．①围… Ⅱ．①赵… ②赵… Ⅲ．①围棋－教材 Ⅳ．① G891.3

中国国家版本馆 CIP 数据核字 (2024) 第 022612 号

围棋入段教程：死活妙算的秘密
WEIQI RUDUAN JIAOCHENG:SIHUO MIAOSUAN DE MIMI

赵余宏　赵　帆 编著

出 品 人　达　海
责任编辑　李　林
责任校对　樊思岐
责任印制　黄　鑫　曾译乐
装帧设计　成都九天众和

出版发行　**成都时代出版社**
电　　话　（028）86742352（编辑部）
　　　　　（028）86615250（营销发行）
印　　刷　成都蜀通印务有限责任公司
规　　格　185mm×260mm
印　　张　18
字　　数　288 千
版　　次　2024 年 12 月第 1 版
印　　次　2024 年 12 月第 1 次印刷
书　　号　ISBN 978-7-5464-3376-9
定　　价　60.00 元

前　言

在围棋的布局、中盘、收官三个阶段中，业余爱好者最感兴趣的当然是中盘，而体现中盘力量的有死活、手筋、对杀等，其中最具魅力的则是死活妙手。

围棋的死和活往往决定一局棋的胜和负，正如吴清源先生所说："不论布局如何高明，官子如何巧妙，如果在紧要关头大棋突然死掉，那么，这一局棋也就到此结束了。因此，要想掌握棋艺，首要的是钻研死活问题。"

怎样才能提高你的棋力呢？吴清源先生斩钉截铁地说："首先要在死活题上狠下功夫。"由此可以看出，死活是围棋的基本功，也是衡量一个棋手棋艺水平高低的重要标志。

本书收集的是实战中常见的死活问题，其中各种妙手层出不穷，具有很强的实用性，对提高计算能力及启发思路大有益处。希望读者在实战中，借鉴本书解答问题的思考方法去认真对待每一手棋。相信学习本书后，你的棋艺水平将有一个飞跃，这是作者最大的希望。

书中的死活题全部是黑先，不再注明。

本书在编写过程中，得到围棋界诸位专家的大力支持与帮助，在此致谢。

见此图标 ⊞ 微信扫码
走进围棋入段"云"课堂

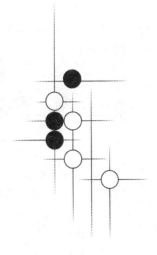

目　录

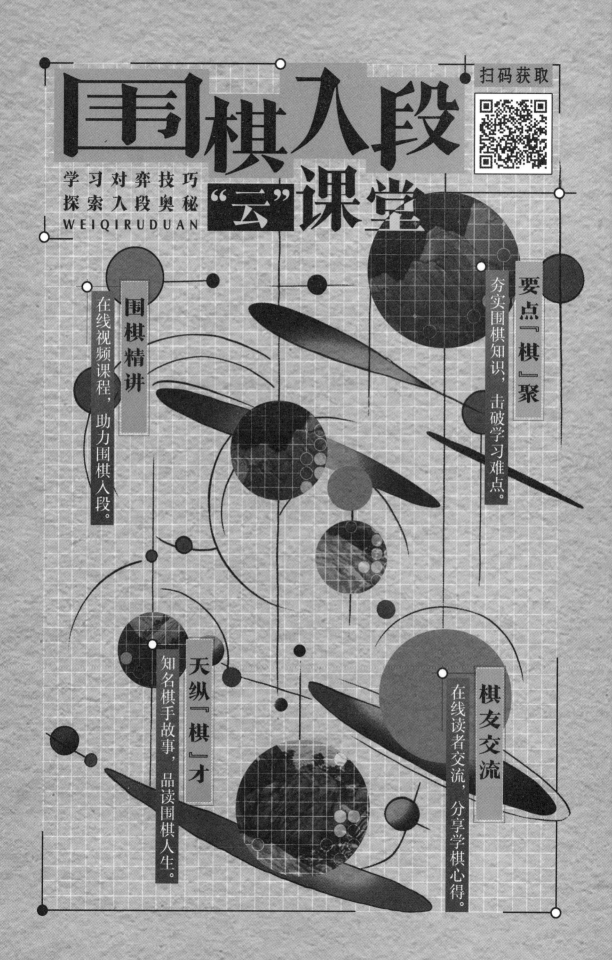

围棋入段
"云"课堂

学习对弈技巧
探索入段奥秘
WEIQIRUDUAN

围棋精讲
在线视频课程，助力围棋入段。

要点『棋』聚
夯实围棋知识，击破学习难点。

天纵『棋』才
知名棋手故事，品读围棋人生。

棋友交流
在线读者交流，分享学棋心得。

第一章

杀棋的妙手

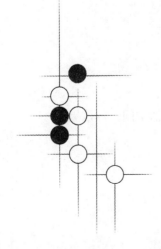

有人说解死活题的乐趣在于"出奇制胜的妙手"，这种说法并不过分。在实战中，高手往往会抓住对方的破绽用"出奇制胜的妙手"击中对方的要害，犹如变戏法般的击溃对方。

不过下出这种"妙手"的难度较大，首先需要对局者有一股子韧劲儿。但从另一方面来说，这也是棋手掌握一种高级作战技巧的绝好机会。

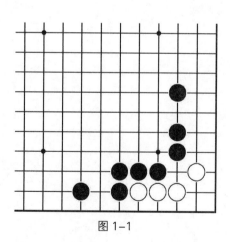

图 1-1

（图1-1）白棋所处领域看似广阔，似乎有足够的做活空间，但该黑棋下，白仍不活，黑寻找到急所就可获得成功。

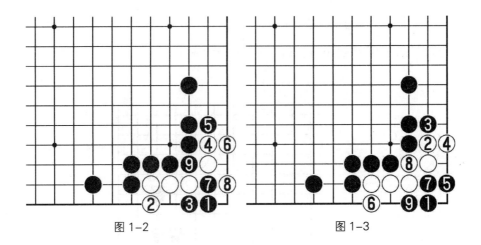

图 1-2   图 1-3

（图1-2）黑1点"二·1"路是妙手，白2位扩大领域，则黑3以下至白6大致如此，黑7挤是好棋，白8黑9断，白棋因两边不入气而被杀。

（图1-3）黑1点入时，白2、4扩大领域，则黑5尖是紧要的一着。

白6立时，黑7挤关键，至黑9后，成为"有眼杀无眼"。白6如先于7位团，黑6位扳，这样成为"盘角曲四"。

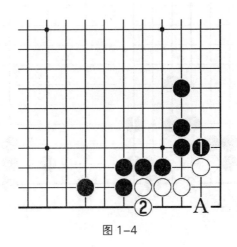

图 1-4

（图1-4）黑1挡，过于平凡，白2位立下或A位虎都可以简单做活。

黑1如在2位扳也不行，白在A位虎仍可活。

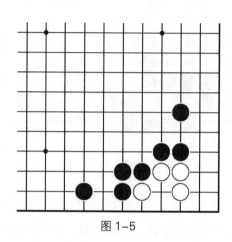

图 1-5

（图1-5）此形在实战中经常出现，白形极有弹性。

普通着手，则是劫争。第一手是关键。

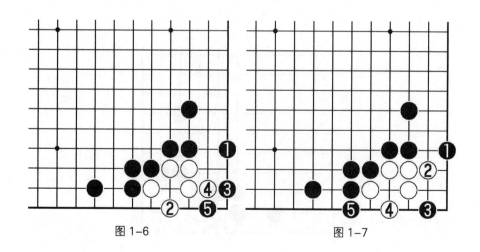

图 1-6　　　　　　　　　　　图 1-7

（图1-6）黑1跳下，是轻巧的妙手，在实战中具有很强的实用性，如不知道这一手是无法净吃白棋的。

白如2位做眼，则黑3跳，白4黑5，白棋连打劫的机会都没有。

（图1-7）白如改在2位立，黑3点入是急所。白4虎时，黑5立下，冷静，白无法做活。

白4改在5位扳是苦涩的一手，但黑棋有4位点的强手，白仍不活。

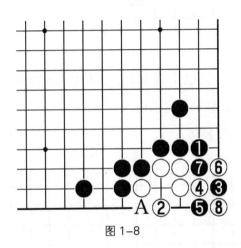

图 1-8

（图1-8）黑1立下是普通的着手，白2做眼是最佳的着手。

黑3飞时，白4强硬抵抗，黑5以下至白8成为劫争。黑3如在4位靠，白在7位冲，再在3位扑，仍是劫争。黑1如直接在A位打，白2简单形成劫争。

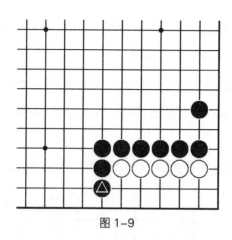

图1-9

（图1-9）白在三线上并排五个子，看上去很容易获得根据地。但由于黑有▲子的立下，结果是黑杀白。

在攻击时，需要技巧。

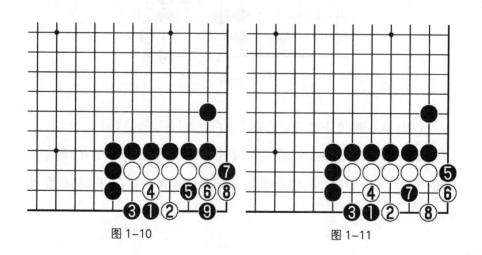

图1-10　　　　　　　　　　图1-11

（图1-10）黑1小飞，着法坚实而巧妙。

白棋只好在2位挡，黑3退，沉着，白4时，黑5点是夺取白眼位的急所，以下至黑9扳，白被杀。白6如于9位跳，黑8位点，白仍不活。

（图1-11）白4时，黑5先扳次序有误，白6挡，黑7点入时，白8是好棋，黑已无法杀白。

黑5如在8位点也是错着，白可于7位做眼，形成劫争。

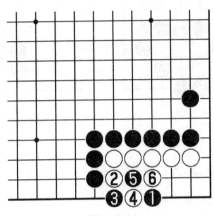

图 1-12

（图1-12）黑1位大飞，是一般人的第一感。白2、4做成打劫是正确的应手，至白6成为劫争。走成劫争，当然是黑棋失败。

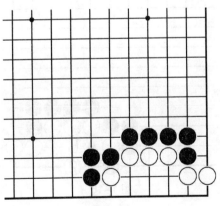

图 1-13

（图1-13）白棋形不好，左边有瑕疵，黑棋应怎样攻杀？

特别要注意的是中间三个白子被紧气。

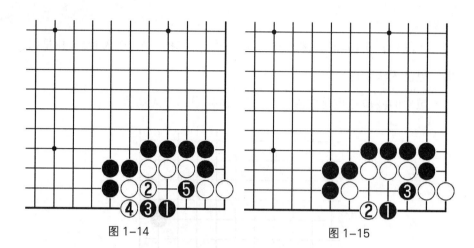

图 1-14　　　　　　　　　　　图 1-15

（图1-14）黑1点入是此际的杀棋妙手。白2粘时，黑3爬，是利用白气紧的巧手，白如4位阻渡，黑5断，白成不入气状态。

黑1、3、5的次序非常好。

（图1-15）黑1点入时，白2位虎，黑3断后，白仍因不入气而被杀。

假如白棋外边松一气，黑1的点就不成立。

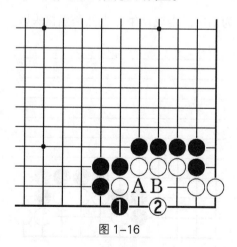

图 1-16

（图1-16）黑1一路打，在一般情况下属于好棋，但此时不能成立。因白2跳是妙手，黑已无法吃白。

黑1如A位断打是俗手，白B打后再2位立即可做活。

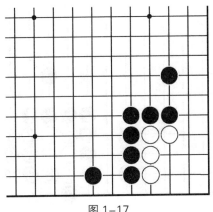

图1-17

（图1-17）这是"金柜角型"前一步的形态，此时黑棋有吃掉白棋的手段。

先要考虑的是怎样紧贴白棋。

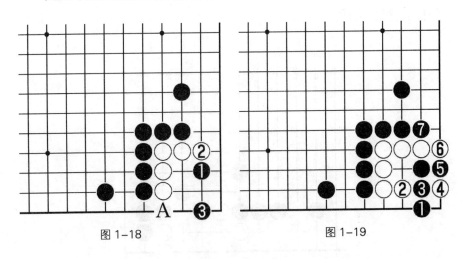

图1-18　　　　　　　　　　图1-19

（图1-18）黑1点入，白2阻渡只能如此，黑3跳是妙手。之后，白棋一定要阻黑A渡过，否则没有戏唱。

（图1-19）接前图。白如2位并刺，则黑3粘，白4企图走成双活时，黑5挡，白6黑7后，形成黑棋有眼杀白棋无眼。

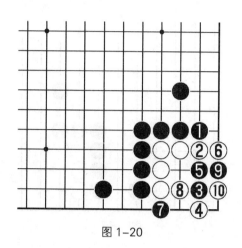

图 1-20

（图1-20）黑如1位立，功夫显然不够。

白2挡，成为"金柜角型"。黑3点入，白4托好棋，以下至白10，形成打劫，黑棋失败。

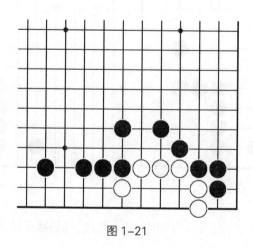

图 1-21

（图1-21）由于白三子上边松两口气，给人感觉好像已活净。

其实不然，左边黑的阵形相当坚固，发现妙手还是能杀掉白棋的。

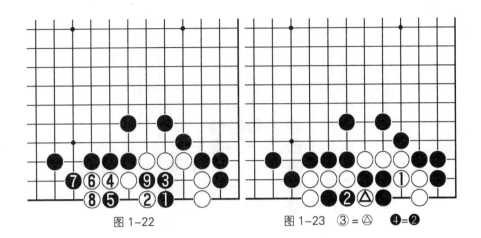

图 1-22　　　　　图 1-23　③＝△　❹＝❷

（图1-22）黑1点入，一般人都会想到。白2、4时，黑5托，是绝妙的一手。

以下进行至黑9断吃，双方大致如此。

（图1-23）接前图。白1如粘吃，黑2提一子时，白3只能回提二子，黑4再提回一子后，已形成"刀把五"形状，白棋被杀。

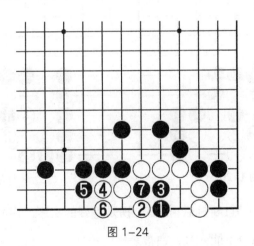

图 1-24

（图1-24）白4爬时，假如黑5随手拐，就过于平凡。

白6立下，黑7断后成打劫。黑5如在7位断吃，白6位立下，同样是打劫。

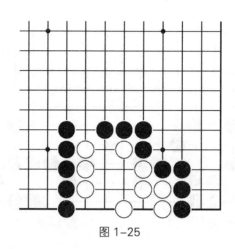

图1-25

（图1-25）白棋虽已有一个眼位，但黑如果走出妙手，还是可以杀掉白棋。

次序是关键。

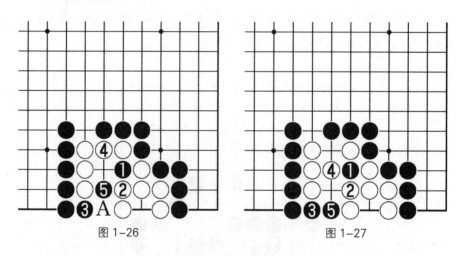

图1-26   图1-27

（图1-26）黑1断打后再在3位拐是绝好的次序。白4粘后，黑5挖，由于气紧白在A位不能入气，白被杀。

黑3如在4位提白一子，白3位挡就活了。

（图1-27）黑3拐时，白4如果提，黑5长进，白棋仍做不出两只眼。

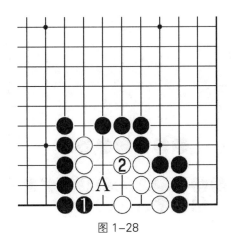

图 1-28

（图1-28）黑先在1位拐的走法会导致失败，白2接或在A位退都能做活。

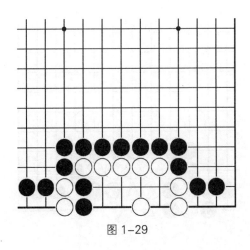

图 1-29

（图1-29）白棋的形状很有弹性，稍有疏忽就会失败。

请注意攻击的方向，次序也很关键。

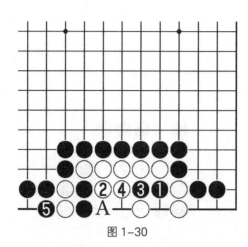

图 1-30

（图1-30）黑1断是妙手，白2打时，黑3冲是极好的次序。以下至黑5提掉白二子后，由于气紧白A位不能入气而被杀。

白2如走3位，则黑走2位，白也不活。

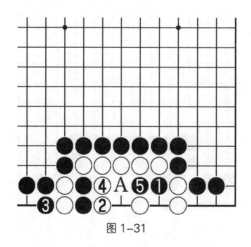

图 1-31

（图1-31）白2通过打吃来对付黑1，黑3、5后，白在A位仍无法入气。

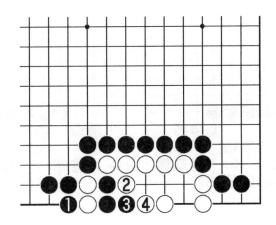

图 1-32

（图1-32）黑1单提白二子是无谋之着，这也是一般人的第一感。

白2、4即可简单做活。

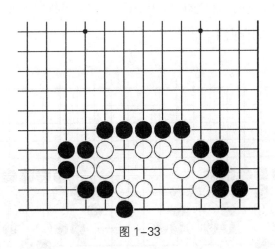

图 1-33

（图1-33）范围虽然小，但问题并不简单。

寻找白棋眼位的急所是关键，但先要做好准备工作才会成功。

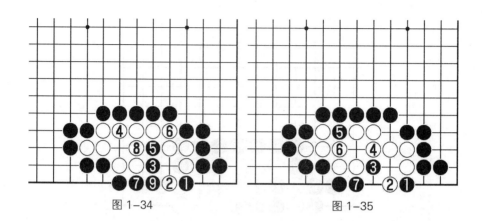

图 1-34　　　　　　　　　　　图 1-35

（图1-34）黑1先扳，再3靠是妙手。白4做眼，黑5至黑7渡过后攻击成功。白8、黑9粘，白不入气。由此可见，从黑1扳动手，造成了白棋气紧，然后再点眼，使白做接不归落空，是绝好的次序。

（图1-35）白4如这样团眼，则黑5至黑7简单将白杀死。白4如下到7位，黑5冲后，同样白不活。

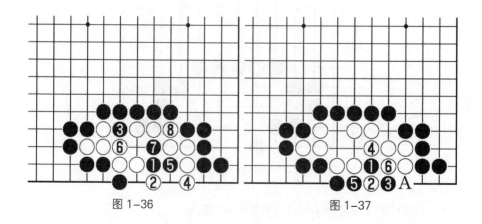

图 1-36　　　　　　　　　　　图 1-37

（图1-36）黑1单靠，准备工作不足。白2扳，黑3打吃，白4立是此时的好手。黑5曲时，白6粘至白8成为双活。

黑3如在4位扳，白下7位就活了。另外，黑5在6位提白三子，白在5位做眼也活。

（图1-37）虽然黑有1、3的手段，但白4、6进行顽强抵抗，这样成为打劫。

以后，黑不能在2位接，否则白A位打吃成为接不归，黑失败。

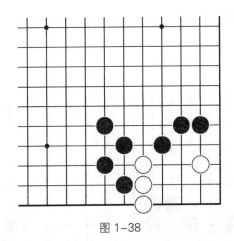

图 1-38

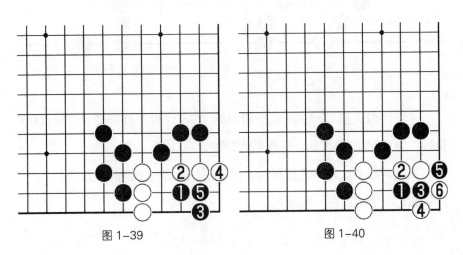

图 1-39　　　　　　　　　　图 1-40

（图1-38）乍一看这道题很简单，其实这里大有学问。

如果使用一般的着法，是不会见效的。请利用角上的特殊性。

（图1-39）黑1点入之后，白2冲时，黑3小尖是绝妙的一手，这一手是解题关键。

白4立，黑5团好手，将形成"刀把五"的形状，白死。白4如走5位，则黑4托。

（图1-40）黑3位长是错误的下法，白4占到要点，以下至白6成打劫。

黑5不能走6位立，否则白5位挡即成活棋。

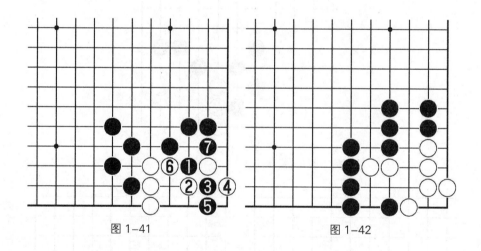

图 1-41　　　　　　　　　图 1-42

（图1-41）黑1、3尖断也是错误的下法，白4先打正确，然后再在6位打，黑只能在7位做劫，这样仍然失败。

（图1-42）这是一道很有名的死活题，对启发思路颇有益处。

如走出妙着，白一团顿死。

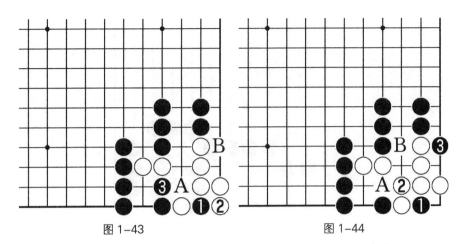

图 1-43　　　　　　　　　　　图 1-44

（图1-43）这是将《玄玄棋经》一书中有名的问题简化的棋形。

黑1扑，是绝妙的一手，白2提掉，黑3顶后，A与B两点黑必得其一，白被杀。

（图1-44）对付黑1扑，白如2位粘，黑3板，白仍不活。之后，A与B两点见合。

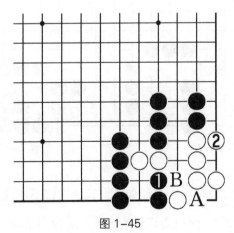

图 1-45

（图1-45）黑1单顶，是无谋的大俗手。

白只要简单地在2位立即可做活。黑如再在A位扑已无用，白可在B位接。

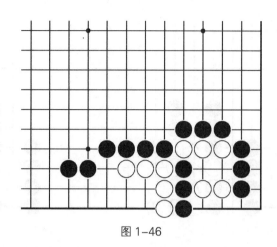

图 1-46

（图1-46）黑棋简单地从外边缩小白棋的领域是吃不掉白棋的。

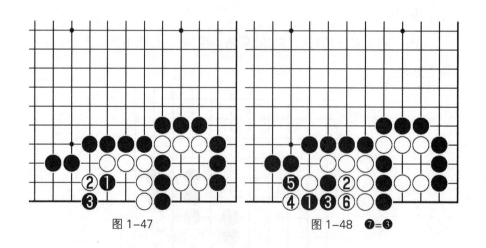

图 1-47　　　　　　　　　　图 1-48　**⑦=❸**

（图1-47）黑1位破眼只能如此，其他点都不能成立。

对白2扳，黑3一路扳是绝妙的一手，这样白被杀。

（图1-48）接前图。对付黑1，即使白2、4打吃，黑5果断弃掉三子，然后再于7位点眼，白也无条件死。

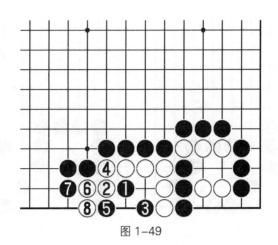

图 1-49

（图1-49）白2扳时，黑3位尖，不好，白4粘必然。以下至白8成打劫，黑失败。

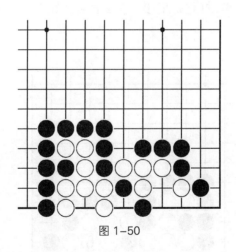

图 1-50

（图1-50）黑先，应怎样杀白的问题，如简单考虑必将失败。请注意角上的特殊性。

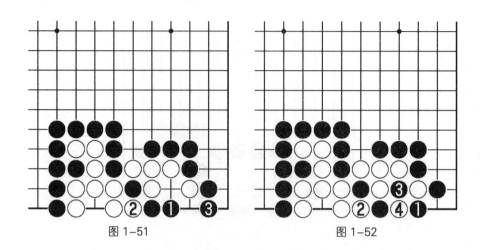

图 1-51   图 1-52

（图1-51）黑1长，一般人都会想到，关键是白2提时，黑3单立，是不太引人注意的一步妙手，这样白无条件被杀。

（图1-52）黑1打吃是俗手，白2单提是好手，黑3提，白4后成劫争，黑失败。

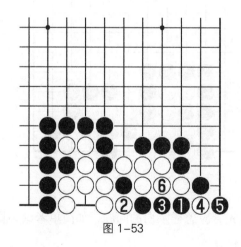

图 1-53

（图1-53）白2提时，黑如3位接不行，白4扑后再6位打吃，黑三子成接不归。

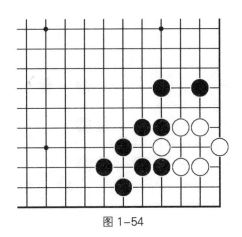

图 1-54

（图1-54）由于黑棋左边很强大，因此可以大胆行棋。思路一定要开阔些，这样才能走出妙手。

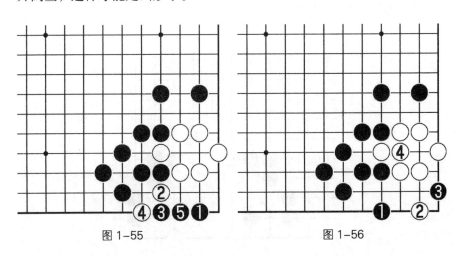

图 1-55　　　　　　　　　　　图 1-56

（图1-55）黑1利用左边厚形，下在"二·1"路是一步妙手。

对白2扳，黑3托是与黑1相关联的好手，至黑5已连通，白自然被杀。

（图1-56）黑1位跳是错着，被白2占到要点后，黑3只能点眼，白4做眼即可做活。

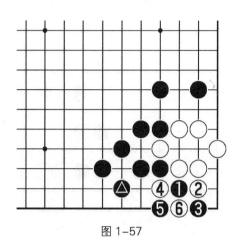

图 1-57

（图1-57）如没有黑△一子，黑1、3连扳是强手，而在此时却不适用，至白6后成劫争，黑失败。

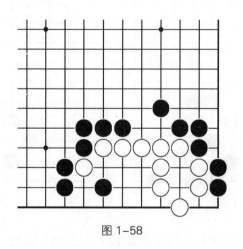

图 1-58

（图1-58）乍一看黑棋好像很容易走，但是如果下出随手必将失败。

无条件杀白才是正确下法。

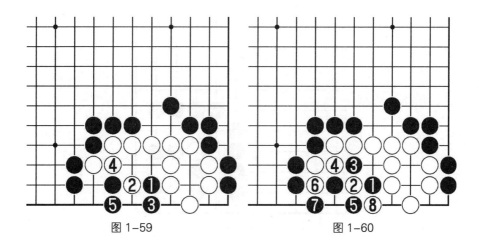

图 1-59　　　　　　　　　　图 1-60

（图1-59）黑1跳，也许大家都会想到。但白2挖时，黑3立却是一步不易被发现的妙手，白4粘，黑5立后，白已无条件被杀。

（图1-60）白2挖时，黑3位打吃是错着，白4以下至黑7成必然，白8扑是强手，这样形成打劫。

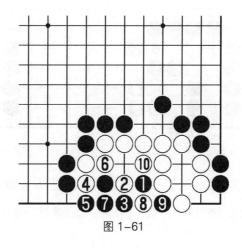

图 1-61

（图1-61）黑在3位下边打吃，白4、6、8是好手，当黑9提后，白10打吃后形成连环劫，这样白成净活，黑失败。

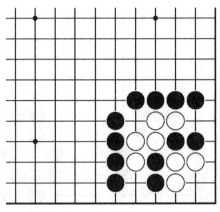

图 1-62

（图1-62）着法过于单纯，很难杀掉白棋。但也不需要奇特的手筋，只要抓住要点即可杀白。

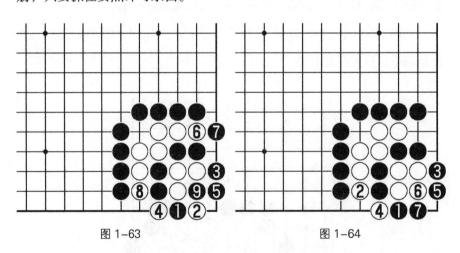

图 1-63　　　　　　　　　　　图 1-64

（图1-63）黑1扳是要点，白2挡，黑3再扳打是正确的下法。

对白4提一子，则黑5长必然，白6冲，黑7渡过，至黑9挤，白已无法做出两眼而被杀。

（图1-64）对黑1扳，白2打吃，黑3、5打吃长出，白6团，黑7后，白仍不活。

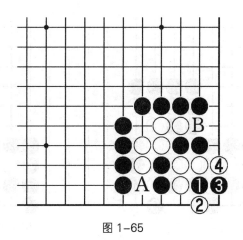

图 1-65

（图1-65）"左右同形走中央"，在一般情况下都是好棋，但在本场合却不适用。

黑1是"左右同形"的中心点，但被白2、4打吃后，A与B两点成见合，黑已无法杀白。

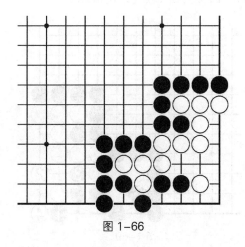

图 1-66

（图1-66）此形白棋很有韧劲，黑如下成打劫，就失败了。

请抓住白棋外边气紧的弱点。

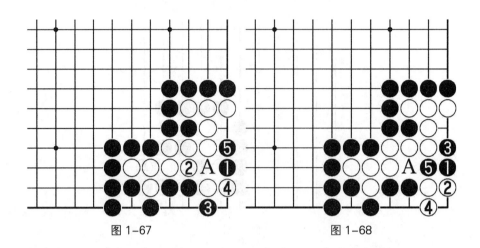

图 1-67　　　　　　　　　　图 1-68

（图1-67）黑1为"异想天开"的妙着，这一着后白无条件被杀。

白如2位团，则黑3先扳，再5位长，白死。白2如走A位，则黑3、白5、黑4，白仍不活。

（图1-68）对黑1，如走白2的话，黑3长必然，白4立，由于白外边气太紧，黑5冲后，白A位无法入气，仍被杀。

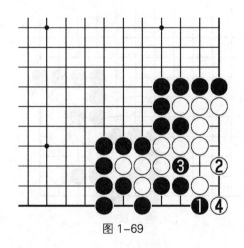

图 1-69

（图1-69）黑如随手在1位扳，是错误的下法，白2倒虎是绝妙的一手。

黑3破眼，白4扑后成为打劫，黑失败。

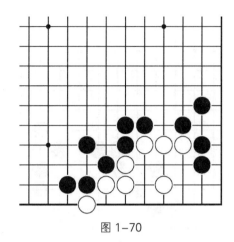

图 1-70

（图1-70）白棋眼形较丰富，但即使是很积极地争取活棋，只要黑棋下出妙手，白也很难做活。

请注意棋形的急所。

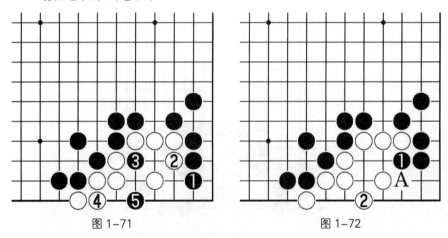

图 1-71　　　　　　　　　图 1-72

（图1-71）黑1单立是杀白的急所，这一手就可置白棋于死地。

白2扩大眼位，黑3、5点眼后，白已无法做活。

（图1-72）黑1冲是俗手，明显帮白棋走棋。白2占据了眼形的急所即可做活。

黑1如走A位尖，则白1位挤仍是活棋。

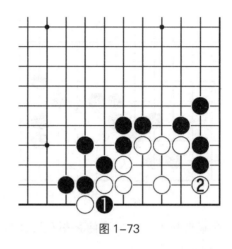

图 1-73

（图1-73）黑1扑，仍不得要领，白2靠就可净活。

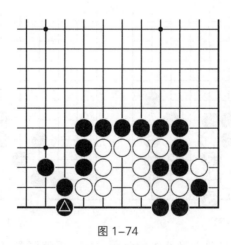

图 1-74

（图1-74）因黑已有△位下立的一子，白存在气紧的致命弱点，但关键是黑第一步怎么下。

本题对启发思路颇有益处。

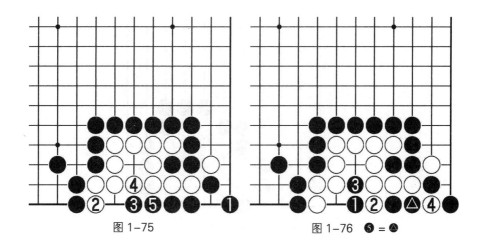

图1-75　　　　　　　图1-76　❺＝▲

（图1-75）黑1尖，是绝妙手筋，一般人很难注意到这手棋。

白2挡，黑3点眼，至黑5连回，白因气紧，没有吃黑接不归的手段。

（图1-76）对黑1点眼，白2位挡，黑3长，白4提时，黑5可打二还一，白仍被杀。由此可以看出，黑的尖妙味无穷。

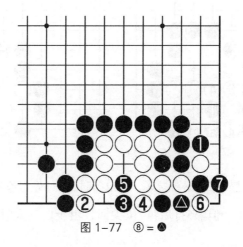

图1-77　⑧＝▲

（图1-77）黑1打吃无谋，白2挡后，黑3位点眼，白4、6提二子是先手，然后再于▲位粘，白无条件净活，黑失败。

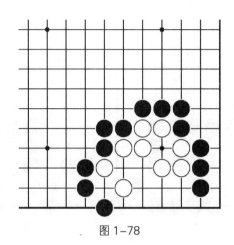

图 1-78

（图1-78）白棋虽然已有一个眼，但想确保第二个眼并不容易。

黑棋妙手可破白棋眼位，但要走对次序才能杀白。

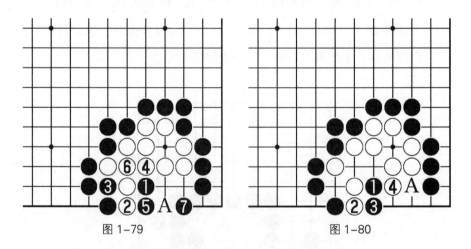

图 1-79　　　　　　　　　　　图 1-80

（图1-79）黑1靠是必然之着，白2挡时，黑3先打吃次序井然，白虽有4位做劫的强手，但黑5打后再7位尖回，由于白气太紧，A位扑的手段已不成立，白被杀。

（图1-80）白2挡时，黑3位单挡，白4后黑二子已连不回，白净活。黑3如走4位爬，白A位冲后成接不归。

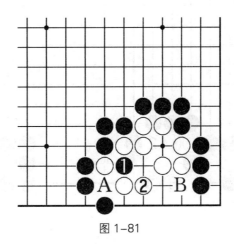

图 1-81

（图1-81）对黑1扑入，白2退是颇有心计的一手。之后，白因A和B
必得其一而活。

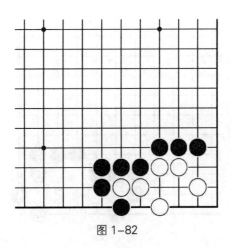

图 1-82

（图1-82）看似简单，但这却是净杀且有难度的棋形。

只此一手，也可以说是灵验的妙手。

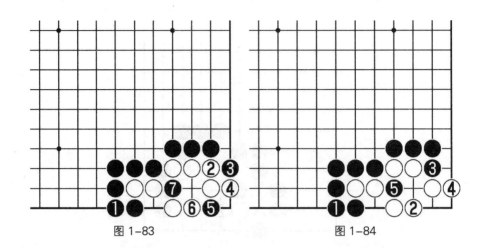

图 1-83   图 1-84

（图1-83）黑1单接，是不易被人发现的妙手。

白2团扩大空间，黑3扳，再黑5、7破眼，因黑1的作用，白净死。

（图1-84）对黑1接，白走2位，经黑3、5后，白仍被杀。

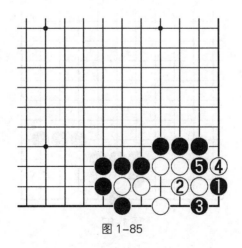

图 1-85

（图1-85）黑1托看似手筋，但在此时却不适用，至黑5后形成打劫，黑失败。

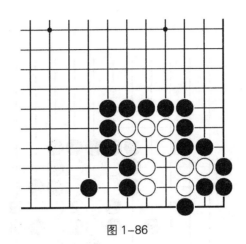

图 1-86

（图1-86）黑在这里暗藏出奇制胜的妙手，非常有必要尝试一次杀
棋的技巧。

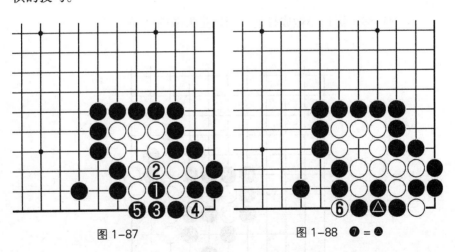

图 1-87　　　　　　　　　　图 1-88　⑦ = ▲

（图1-87）虽然黑1打吃谁都会下，但白4扑时，黑5送吃却是难以发
现的妙手。

（图1-88）接前图。白6提四子必然，黑7点后，白已变成假眼而
被杀。

现在可以看出前图黑5送吃的用意了。

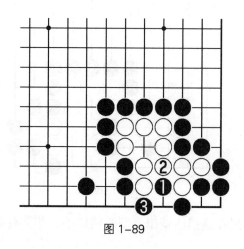

图 1-89

（图1-89）黑1、3做成打劫，当然是失败的结果。

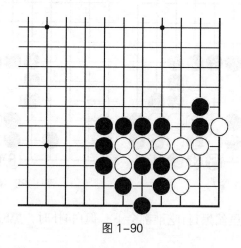

图 1-90

（图1-90）即使死活已明朗化，有时也会有疏忽，要善于发现问题。

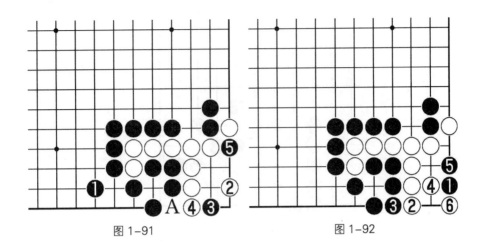

图1-91　　　　　　　　　　图1-92

（图1-91）黑1单虎是正解。如直接从角里面破眼反而不能成立，黑棋只要补净自身的缺陷，角上白棋就自然死亡。

白2企图做眼，黑3、5破眼后，白已被杀。黑1单在A位接也是正解。

（图1-92）黑1直接点眼不好，白2立是先手，以下至白6扑成打劫，黑失败。

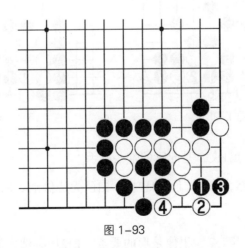

图1-93

（图1-93）黑1夹仍不好，至白4也是打劫。

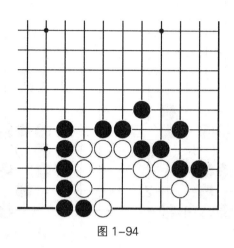

图1-94

（图1-94）现在选点虽很多，但发现第一手是关键。一定要无条件杀白。

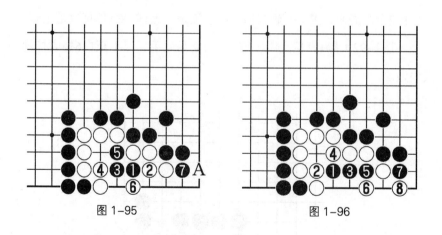

图1-95　　　　　　　　　　图1-96

（图1-95）黑1夹，是此际的唯一妙手。

白2位接必然，黑3以下至黑7拐，白已无法做活。白6如7位长，黑A位扳，白仍被杀。

（图1-96）黑1点，很像是形的要点。白2接必然，黑5断时，白6扳是手筋，黑7拐后，白可8位强行做劫，黑失败。

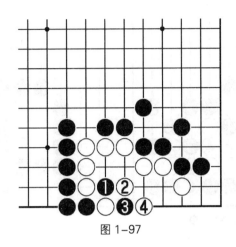

图 1-97

（图1-97）黑1如断打，遭白2顽强抵抗，至白4仍成打劫，黑也失败。

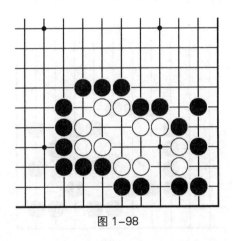

图 1-98

（图1-98）乍一看白像是活棋，但在周围黑棋很坚固的情况下，就产生了弃子杀棋的手段。

一定要注意棋形的要点。

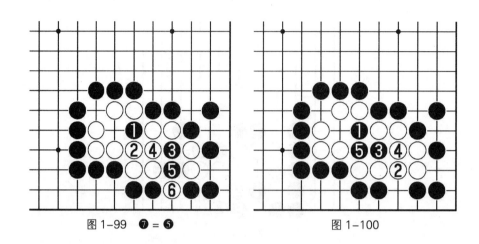

图 1-99 **7** = **5**   图 1-100

（图1-99）黑1断是棋形的要点，白如2位打吃，黑3、5弃掉二子是妙手，白6提后，黑7扑，白被杀。

（图1-100）对黑1断，白2接，黑3、5打接，白仍被杀。

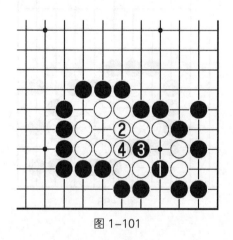

图 1-101

（图1-101）黑1随手挖是错着，欲缩小白棋眼位，但此时却不行。

白2粘是要点，黑3打吃，白4接后，黑成接不归，白净活。

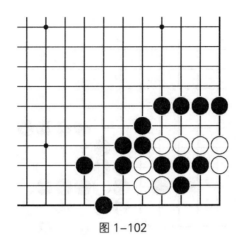

图1-102

（图1-102）这是《玄玄棋经》中名为"四老出山势"的死活题。是一个使初、中级读者茅塞顿开的问题。

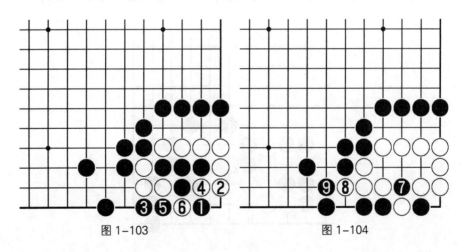

图1-103　　　　　　　　　　图1-104

（图1-103）黑1如走6位立下，则白1靠，黑死。之后在对杀中黑怎么走也是死。

黑1尖是要点，白2长后，黑的气不够。但黑有3位托的妙着，可以通过弃子杀白。白4黑5后形成对杀，白6提四子。

（图1-104）接前图。黑7反提，以下至黑9，黑棋极漂亮地把白棋杀掉。

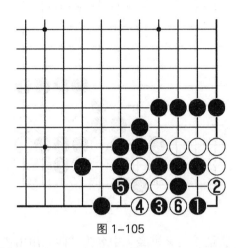

图 1-105

（图1-105）白2长时，黑3扳是俗手，以下至白6成打劫，黑失败。

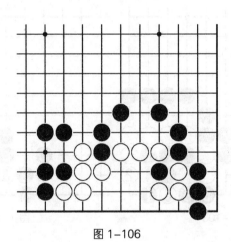

图 1-106

（图1-106）白棋的空间很大，给人的感觉好像已活净了。

其实不然，黑棋有妙手可杀白，但一定要考虑白也有顽强抵抗的手段。

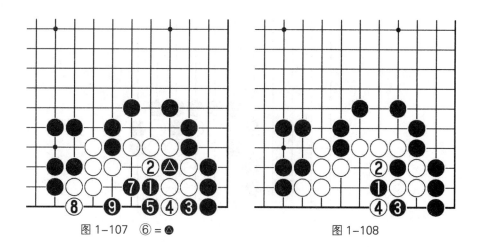

图 1-107　⑥ = ⬤　　　　　图 1-108

（图1-107）黑1扳是当然的一手，大家都会想到。白2提时，黑3曲是异想天开的妙手，白4挡必然，黑5以下至黑9成"刀把五"，白棋被杀。

黑3如走7位长，则白3挡，黑无法净杀白。

（图1-108）黑1、3扳渡，是一般人的第一感，但却忽视了白有4位扑的顽强抵抗手段，这样将成劫争。

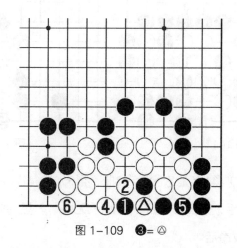

图 1-109　❸ = ⬤

（图1-109）接前图。对黑1提，白可2位打吃，黑3如粘，白4、6可成净活。因此，黑3只有不粘而走4位长，这样成打劫，黑失败。

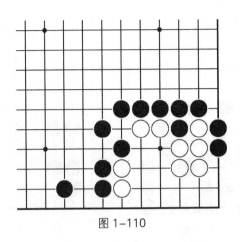

图1-110

（图1-110）本题黑有巧妙的手段把白杀掉，一定要注意行棋的
次序。

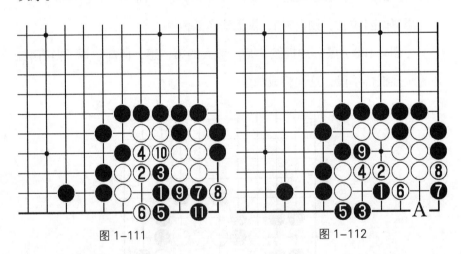

图1-111   图1-112

（图1-111）黑1点是急所，白2曲，黑3先冲是次序，然后从黑5立到
黑7是绝好的妙手，至黑11止成"有眼杀无眼"。黑5如走6位尖后再10位
断是错觉，白成净活。

（图1-112）白如2位压，黑3尖是好手。黑7、9是好次序，白仍被杀。

黑7如单走9位冲是错着，白有A位尖的好手，这样将成打劫。

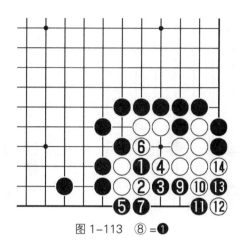

图 1-113 ⑧ = ❶

（图1-113）黑1、3连扳后再抱打，在一般情况下是好手段，但此时却不适用。

以下进行至黑11成必然，白有12位扑的好手，至白14成劫争，黑失败。

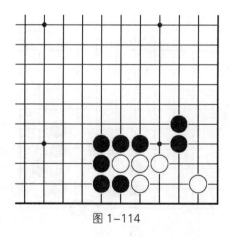

图 1-114

（图1-114）本题选自《玄玄棋经》，名叫"破竹势"。看来头绪繁多，因白角尚未定形，黑棋选点必须慎重。

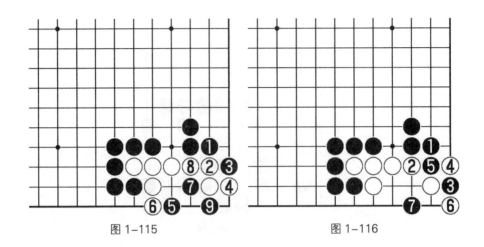

图1-115   图1-116

（图1-115）黑1立，看上去不着边际，其实是以退为进的杀着。

白2扩大眼位，黑3扳，然后于5位点，至黑9，白棋成"刀把五"死形。

（图1-116）白2如挡，黑3托是要点。至黑7点后，白棋仍不能活。

白2如走4位尖，则黑5位挤，白也不活。

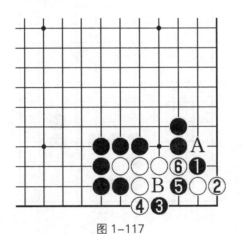

图1-117

（图1-117）黑1尖顶，白2立下可以净活。黑3点、黑5扳虽然不失为手筋，但白6断后，A位和B位白必得其一，黑棋无计可施。

白2不能在6位挤，否则黑2位连扳可强行做劫。

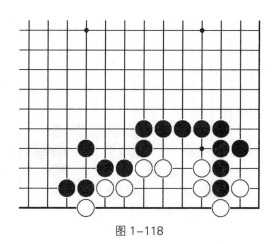

图 1-118

（图1-118）此题很巧妙，确有隐蔽微妙之意。白九子似乎已活，但黑棋暗藏杀着，故此题称为"十着九不足"。第一步是关键。

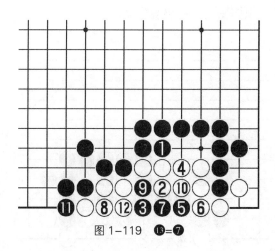

图 1-119 ⑬=⑦

（图1-119）黑1团是容易忽略之点，却正是巧妙的着法。白2虎，黑3点入是要点，白4扩大眼位，则黑5再点。以下白8接企图构成双活，但黑9断入是好手。至白12虽可提黑四子，然而黑13点即可将白棋杀死。

白2如在3位虎，黑有2位点的手段。

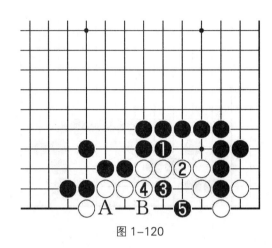

图 1-120

（图1-120）对黑1，白2扩大空间，则黑3占据要点，至黑5尖，白棋无论如何也不能做成两眼。

白2如A位接，则黑B点，白仍被净杀。

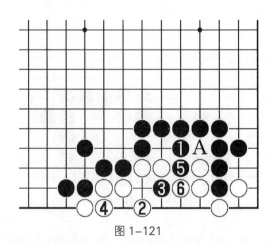

图 1-121

（图1-121）同样是缩小眼位，黑1却是错着。白2虎是要点，黑3必点，白4做眼后已净活。

黑1于4位扑，则白3虎即可活。黑1如走A位，白仍在2位虎也活。

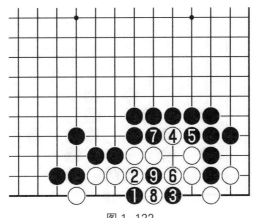

图 1-122

（图1-122）黑1点后再3位跳，确实是要点，但白可4位扩大眼位，黑5只能挤，白6以下至黑9成打劫，黑失败。

白4直接于8位扑也是打劫。

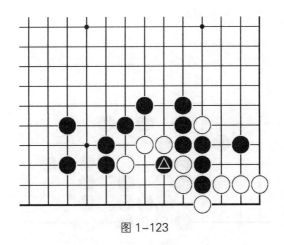

图 1-123

（图1-123）黑▲子看来是很难逃脱的，如能利用这个子设法使白棋在边上成为假眼，黑棋就达到了目的。请施展破眼的技巧。

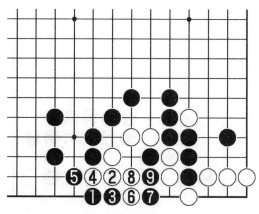

图 1-124

（图1-124）黑1跳是冷静的深思熟虑的妙手，保留黑7、9的先手权利，是解此题的关键，随意一打就接不回去了。

白2长，黑3从一路爬入是妙手，白只得4位冲、6位打，黑7就可以先在一路反打，然后再9位接回吃白棋成接不归。白2如8位尖，黑马上走9、7位先手打，然后于6位渡过。

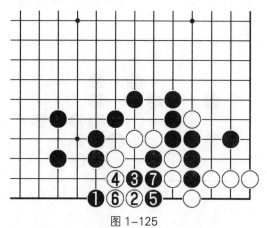

图 1-125

（图1-125）白2在一路防守，黑3以下次序井然，至黑7白仍被杀。

由于黑1以静制动，此后便能恰当地掌握各个先手打的时机，最终获得成功。

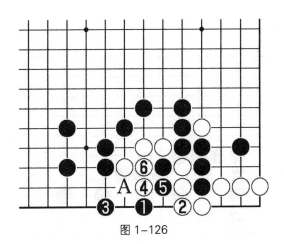

图 1-126

（图1-126）黑1斜飞看似妙手，但白2接相当冷静，黑3再跳也不能奏效。白4、6以巧妙的次序吃掉黑两子而活棋。黑3若改走A位，则白于4位挤，也可做活。

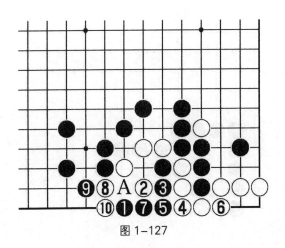

图 1-127

（图1-127）黑1如这边飞，白2尖应即可，黑3以下虽然接出数子，但白8、10扳挡后，仍将黑棋五子一并擒获。黑1如在5位跳，白可4位接，黑10再跳已经晚了，白A位单长，黑仍失败。

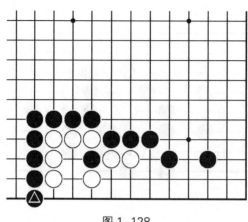

图1-128

（图1-128）这是一个相当有趣的问题。黑△子的一路硬腿显然是必须利用的条件。

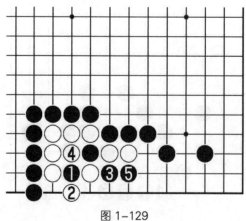

图1-129

（图1-129）黑1挖，确实是很妙的一步棋。

白2是必然的应手，黑3反打又是好手，白4虽然提去黑棋两子，但黑5连回两子，白棋仅有一眼而被杀。

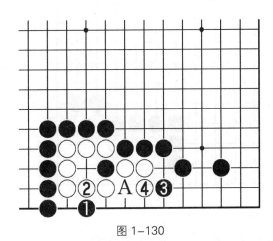

图 1-130

（图1-130）黑1的跳入不好，白2当然接住，黑3、白4后，黑棋已无法杀白。黑3如改走4位，则白于A位接，净活。

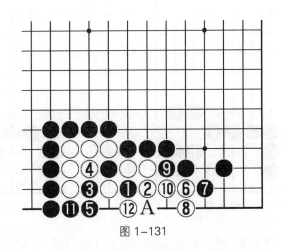

图 1-131

（图1-131）黑1先断，因次序有误而引起意外的变化。白2只能如此，黑3挖、白4提，黑5立时，白6托后即可弃掉左边数子而在下边活出。黑11如在12位立，则白于A位打，黑棋无法接回两子。

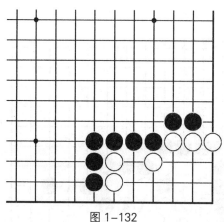

图 1-132

（图1-132）白棋虽显得单薄，但围空较广。

怎样干净地杀死白棋呢？

若考虑得过分复杂，也会误入歧途。

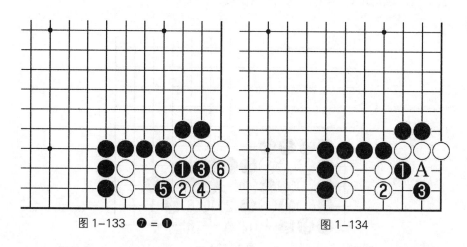

图 1-133 ❼ = ❶   图 1-134

（图1-133）黑1断，是此际的妙手。白2打时，黑3长是弃子的好手，以下至黑7扑，白已无法做出两眼而被杀。

（图1-134）白如2位立，黑3尖是好手，白仍被杀。黑3如走A位，白3位夹即可做活。

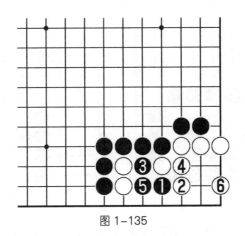

图 1-135

（图1-135）黑1夹，虽是好形，但白2挡后，白地过于广阔，至白6
成净活，黑失败。

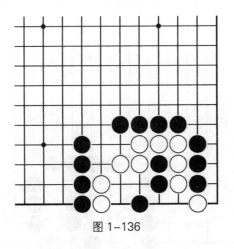

图 1-136

（图1-136）本题有盲点之感，请正确计算杀死白棋的妙手。
不要随意落子下。劫杀不能算是正解。

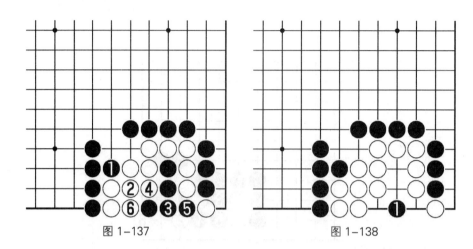

图1-137   图1-138

（图1-137）黑1挤，也许大家都会想到，但黑3团却是盲点，有妙味。白4只此一手，黑5断吃是杀白好手。白4如走5位，黑走4位就成"刀把五"之形。

（图1-138）接前图。白虽然提掉黑棋五子，但黑1点入后，白已被净杀。

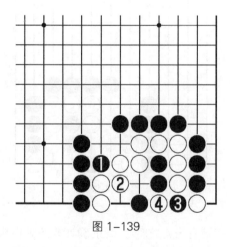

图1-139

（图1-139）黑1和白2是缩小白棋眼形的必要交换，不这样走就全然无法下手了。但黑3扑是无谋之着，至白4成打劫，黑当然失败。

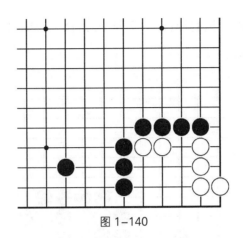

图 1-140

（图1-140）黑棋是先夺右边眼位还是先夺左边的眼位？

对此形易产生盲点，必须提高警觉。

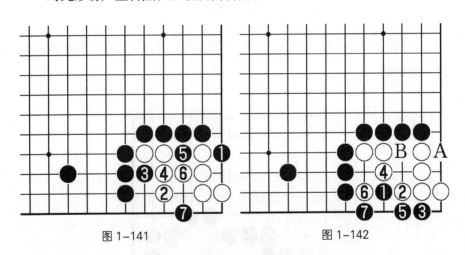

图 1-141　　　　　　　　　　图 1-142

（图1-141）黑1先夺右边的眼位是正确的下法。白2跳下时，黑棋往往忽视3位冲的妙手，如发现这手，后来的变化也就简单了。

以下至黑7点，白棋被杀。

（图1-142）黑棋如1位先夺左边之眼位是错误的下法。

白2顶，只此一手，黑棋虽有3位托的手筋，但白可4位顶，以下至黑

7成打劫，黑失败。黑3托时，白不能于5位挡，否则黑A位扳，白4顶，黑B位冲后白不活。

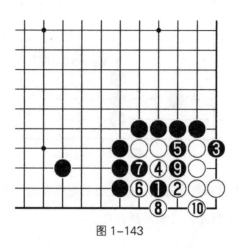

图1-143

（图1-143）白2顶时，黑3扳，则白4顶，以下至白10刚好做出两眼，黑失败。

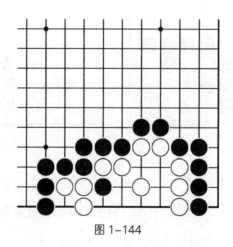

图1-144

（图1-144）边上断一手的黑子会导致怎么样的结果呢？这一个子被吃之前，黑棋必须使用小技巧。

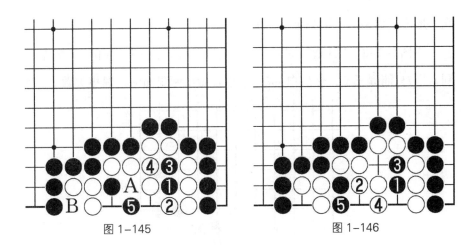

图 1-145   图 1-146

（图1-145）黑1挖，是小技巧。白2打吃，黑3先送一子是好手，然后再于5位尖，白如A则黑B，形成倒扑，白棋不活。

（图1-146）黑1挖时，白如2位打，则黑3双打吃，白4、黑5，白棋仍被杀。

白2如走3位打吃，则黑于2位可一气吃白。

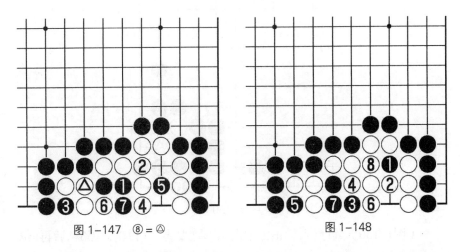

图 1-147 ⑧＝△   图 1-148

（图1-147）黑1、3两打，从表面上看来，白棋没有两眼，但白有4位立下的好手。黑5只能点眼，否则吃不掉，这时白6多送一子，至白8反吃，形成了典型的"倒脱靴"，黑失败。

（图1-148）黑1断打时，白2下边接正确，黑3尖，白4、6是先手利，黑7只能提三子，然后白8提一子正好做出两眼而活，黑棋失败。

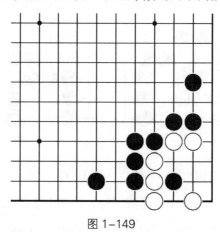

图 1-149

（图1-149）本形看似简单，但要真正找到攻击的急所也不太容易。

你只要绞尽脑汁去想，一定会看到胜利的曙光。

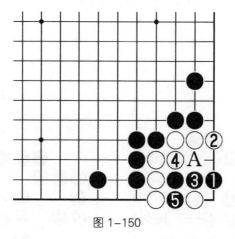

图 1-150

（图1-150）黑1点入，正击中白棋形之要害。白2立，黑3粘后再5位挡，这样成为有眼杀无眼。白2如A位曲，则黑先2位扳，然后再3位粘，白仍不活。

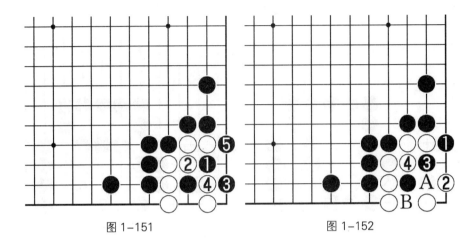

图 1-151　　　　　　　　　　　图 1-152

（图1-151）黑如1位尖，则白2粘，黑3、5虽是有点功夫的手段，但也只能走成打劫，不能算是正解。

（图1-152）黑1扳，属于死活题的基本原理，但在这里不能成功。

白2尖是活棋的妙手，黑3、白4后，黑如A位粘，则白B，黑棋接不归。

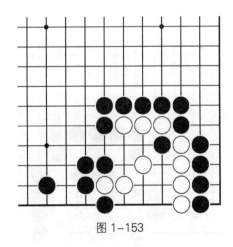

图 1-153

（图1-153）白棋的眼位看似足够，但可冲击此形的缺陷而导致其气紧。

要有正确的次序，第一手与第三手都很重要。

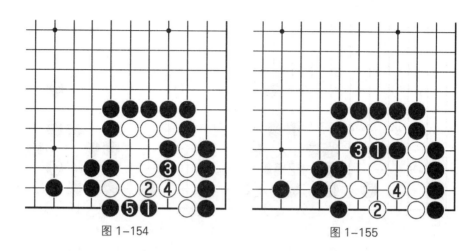

图1-154　　　　　　　　　图1-155

（图1-154）黑1跳入是此形的急所，白2只能团，黑3冲又是一步好手，与白4交换后，再于5位接回，白被杀。

白2如走5位挡，黑于2位打后再于3位冲，由于白气紧不能入气。

（图1-155）黑1先冲次序有误，白可弃掉三子占据2位要点，至白4刚好做出两眼，黑不能成功。

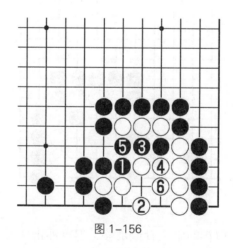

图1-156

（图1-156）黑1先挤如何？白仍占据2位要点，以下至白6简单做活，黑仍失败。

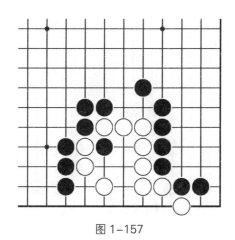

图 1-157

（图1-157）黑棋想夺白棋眼位没有想像的那样简单，越想越头痛，如把思考的角度改变一下，自然会发现手筋在哪里。

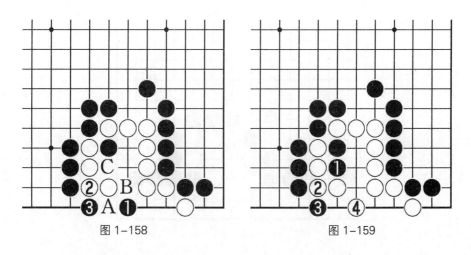

图 1-158　　　　　　　　　　图 1-159

（图1-158）黑1点入是妙手。白2如抵抗，黑3单扳是好棋，白不能A位挡，否则黑B位一气吃。白2如A位挡，则黑C位打，白也不行。

（图1-159）黑1打后再3位扳次序有误，因白有4位虎的手筋，黑已无法杀白。

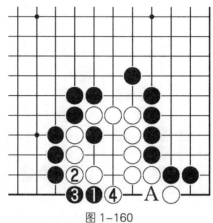

图1-160

（图1-160）黑1先托也不好，白只要在2、4位简单地打吃后即可做活。

黑1如A位扑，则白2位扩大领域即活出。

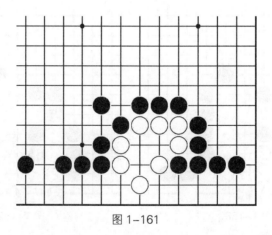

图1-161

（图1-161）黑棋的第一手大家都知道，但后面的着手较难。

请记住"左右同形走中央"这句棋谚。

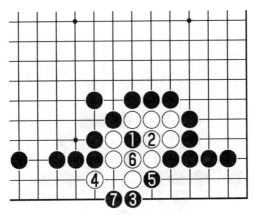

图 1-162

（图1-162）黑1打、白2粘是必然的下法，然后黑3托是绝妙的一手，这步棋正是利用了"左右同形走中央"这句棋谚。

白4扳，则黑5打后再7位长进，白棋做不出两眼而被杀。

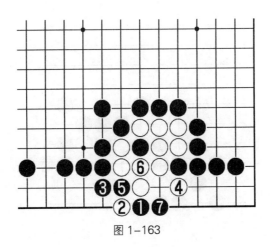

图 1-163

（图1-163）黑1托时，白2位扳打，则黑3立下，白4扳，黑5是先手打，然后于7位长可使白棋边上的眼位成为假眼而被杀。

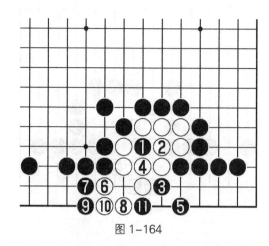

图1-164

（图1-164）黑3随手打是错着，白4提子时，黑棋只好5位虎，白6以下至黑11只能走成打劫，黑棋显然失败。

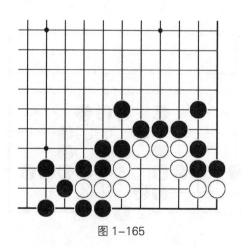

图1-165

（图1-165）夺取白棋眼位之急所，问题是第三手。

当心，有盲点。

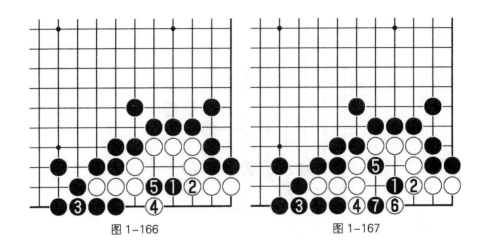

图 1-166   图 1-167

（图1-166）第一手的黑1点很容易发现，但第三手的黑3粘却不容易被人们注意，这是盲点。

白如4位尖，黑5挤，白棋成接不归。

（图1-167）白如4位挡，黑5断，白6扳时，黑7后成倒扑，白棋仍被杀。

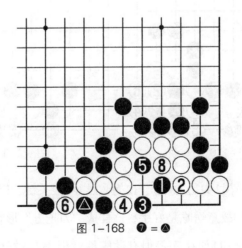

图 1-168 ❼ = ▲

（图1-168）黑3如小尖，过于着急，白4切断必然。黑5断后，白6先手提二子可长气，然后再于8位打吃即可做活，黑失败。

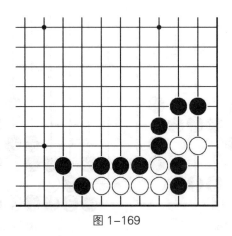

图1-169

（图1-169）黑棋二子与右边白棋二子对杀已不可能。因此，应该想尽一切办法破眼，特别要注意角上的特殊性。

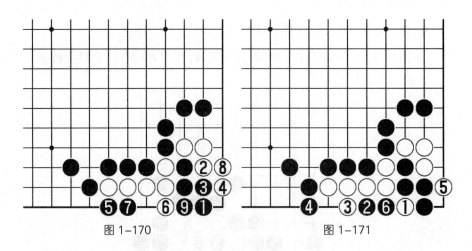

图1-170　　　　　　　图1-171

（图1-170）黑1尖是急所，白2拐，黑3团很关键，以下至黑7势成必然。白8粘时，黑9故意送吃是好手，这样成"刀把五"形状，白棋被杀。

（图1-171）白1如扑一手很有欺骗性，但黑2是好棋，意在拒绝劫争。以下进行至黑6提，攻杀黑胜。

黑2如随手在6位提，白2打吃后即成打劫。

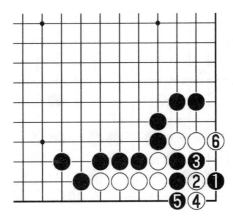

图 1-172

（图1-172）黑1跳，在一般情况下是好棋，但此时却不成立。

白2挖是妙手，黑3打，白4立必然，至白6立后，对杀白胜，黑失败。

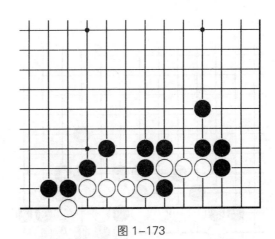

图 1-173

（图1-173）黑棋二路一子已跑不掉，但可以发挥这个子的作用，置白于死地。

第一手是关键，但白棋形富有弹性，后来的下法也要尽善尽美，否则不会成功。

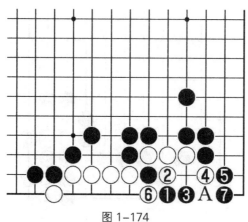

图 1-174

（图1-174）黑1尖是妙手，白2打时，黑棋必须慎重行事。

黑3长是沉着的好手，白4扳是最强的抵抗，黑5扳，白6提时，黑7立同样值得注意，黑3与黑7稍有疏忽就会失败。黑7如随手在A位爬，白7位扑成接不归。

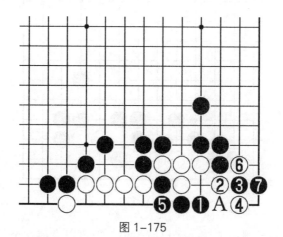

图 1-175

（图1-175）黑3扳时，白4再扳，黑5接则是强手，白6打、黑7立下后，白棋全体仍被杀掉。

白4如走A位挡，则黑4位打，白成接不归。

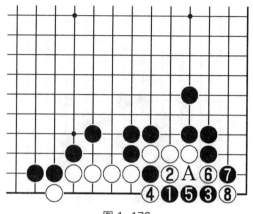

图 1-176

（图1-176）一般情况下，黑3跳是好手，但此时在角上这个位置却不行。白4提后，再于6、8位挖扑，黑棋成接不归。

白4提，黑5如走A位成打劫，黑也失败。

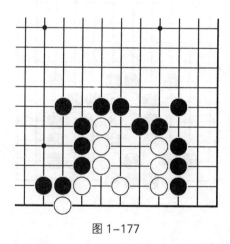

图 1-177

（图1-177）白棋眼形较丰富，也许黑棋不知从何下手。

只要抓住急所，就可置白棋于死地。

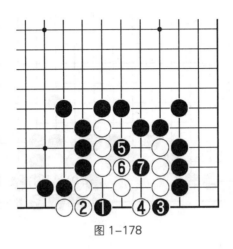

图 1-178

（图1-178）黑1点入是夺白棋眼位的急所，白2粘时，黑3扳是好着想，白4挡必然，黑5尖后再7位挖，白棋已无法做出两眼而被杀。

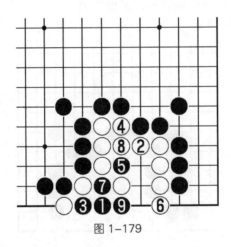

图 1-179

（图1-179）黑1点时，白如2位扩大领域，则黑3断打，白4再扩大领域时，黑5点眼是要点。以下进行至黑9拐吃，由于白棋气太紧，仍然无法成活。

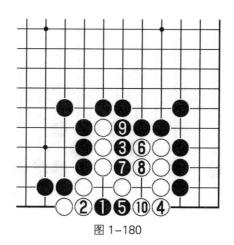

图 1-180

（图1-180）黑3先尖是错着，白4立下是好棋，黑5长进虽很有力，但白6挤又是好棋。以下至黑9接时，白10反打很冷静，这样通过弃掉三子可以做出两个眼，黑棋失败。

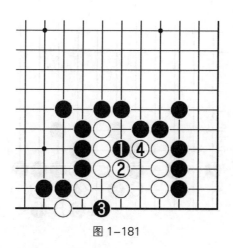

图 1-181

（图1-181）黑1先单尖，次序有误。白2团，黑3再点入时，白4打吃即可做活。

黑3如走4位，则白3也可以做活。

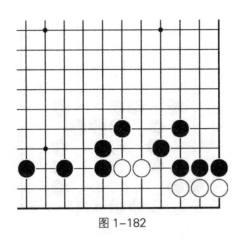

图 1-182

（图1-182）白棋五子占据角上有利位置，似乎容易做活，但黑棋却可利用白角上三子外气被紧住的弱点予以攻击。

黑棋从外面缩小白棋的领域吃不掉白棋。

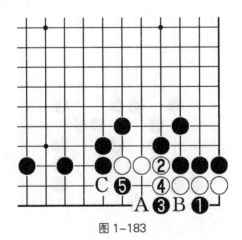

图 1-183

（图1-183）黑1先在角上夺取白棋眼位是急所，白2抵抗，黑3跳是妙手，白4粘，则黑5扳，白棋被杀。之后白棋如A位扳打，黑B位粘，因白C位断不成立，仍不活。

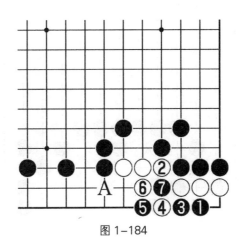

图 1-184

（图1-184）白2时，黑3长是错着，白4打是强手，黑5反打时，白可于6位做劫，黑失败。

黑1如单在A位立，则白于5位跳即可做活。

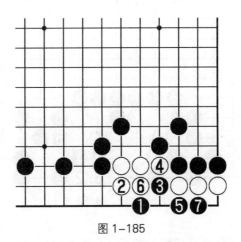

图 1-185

（图1-185）黑1点入虽是形的急所，但白2立下，以下黑3、5、7走成打劫。可以无条件吃的地方走成打劫，显然黑棋失败。

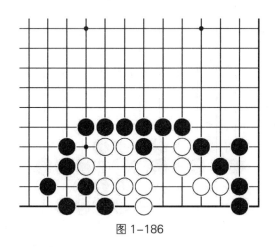

图1-186

（图1-186）黑棋怎样使右边白阵只能做出后手一只眼？第一手是成败的关键。

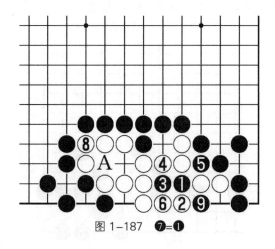

图1-187 ❼=❶

（图1-187）黑1挤是破眼的妙手，白如2位打，则黑3长出，白4、黑5则断，白6提后看似已活棋，但黑棋有7位扑的手筋，之后9位和A位必得其一，至黑9白棋被杀。

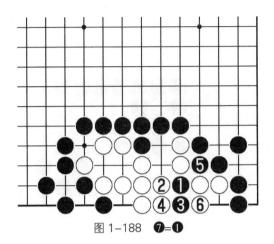

图1-188 **7**=**1**

（图1-188）对黑1挤，白2相反方向打吃，则黑3、5以同样的手法进行，白6提二子时，黑仍走7位扑的手筋，其结果与前图大同小异，白仍被杀。

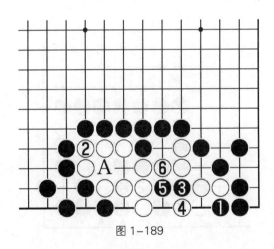

图1-189

（图1-189）黑1单冲是错着，白可2位做眼，黑再3、5挤长时，白6打吃后，黑已失去扑的手段，白棋净活。黑3如走4位跳，则白于3位团仍可活棋。

黑1如单在A位扑，则白于5位做眼是要点，黑也无法杀白棋。

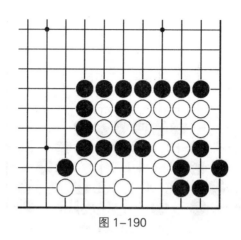

图 1-190

（图1-190）乍一看白棋两边似乎已获得连络，其实黑棋还是有妙手可施展的。

那么，黑棋怎样吃掉右边十二个白子呢？

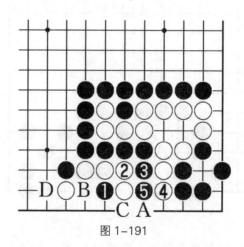

图 1-191

（图1-191）黑1挤是奇特的妙手，白2粘，则黑3、5连冲，之后白如A位渡过，则黑B、白C、黑D，这样，白棋全体将被吃掉。

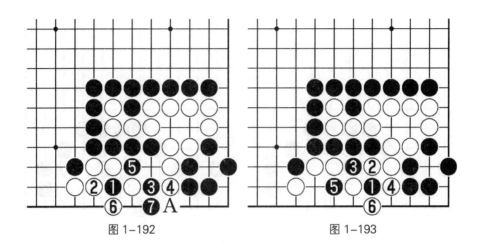

图 1-192   图 1-193

（图1-192）黑1挤时，白2打，则黑3夹是好棋，白4时，黑5打后再7位立下，不让白棋渡过，白右边十二个子被吃。

次序中，黑7不能在A位挡，否则白有7位扑的打劫。

（图1-193）黑如1位直接跨是错着，则白2、4、6提取一子，这样右边十二个子活棋，黑棋失败。

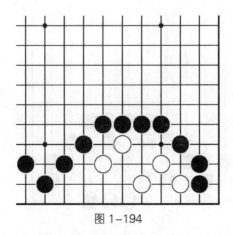

图 1-194

（图1-194）白棋形较脆弱，黑棋的攻击机会很多。

第一手虽是很平凡的着手，但很关键。

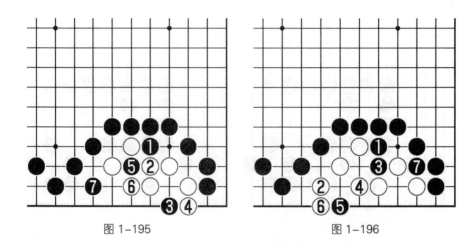

图 1-195   图 1-196

（图1-195）黑1冲看似平凡，却很有妙味。白2挡时，黑3先点入，然后黑5扑、黑7尖是好次序，至此白棋被杀。

（图1-196）黑1冲时，白如2位扩大领域，则黑3继续破眼，白4时，黑5、7夺眼即可杀白。

由此可以证明，白棋阵形并不坚固。

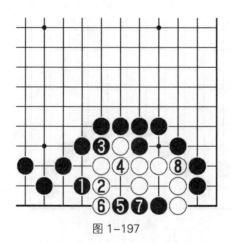

图 1-197

（图1-197）黑如不走4位扑而于本图1位尖，错失战机，白2位挡，以下进行至白8，形成双活，黑失败。

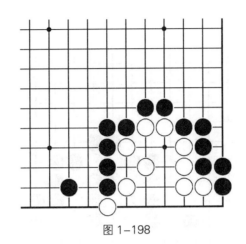

图 1-198

（图1-198）寻找白棋眼位的急所是关键，但先要做些准备工作才会成功。一定要注意行棋的次序。

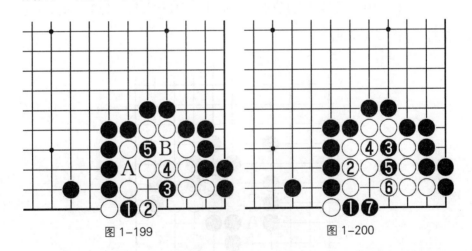

图 1-199

图 1-200

（图1-199）黑1扑就是准备工作，白2提时，黑3点入是夺白棋眼位的急所，白4，黑再5位扑，白被杀。

白4如走A位粘，则黑B位断后再4位粘，白仍不活。

（图1-200）黑1扑时，白2粘，则黑3断打之后再黑5多送一子是好手段，白6提两子，黑7长出，白也不活。

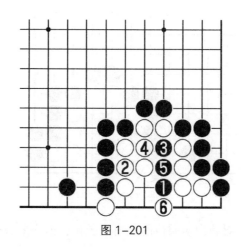

图 1-201

（图1-201）黑棋马上1位点入不成功，白2粘关键，黑3、5时，白6扑打，黑已无法杀白。

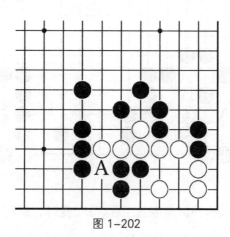

图 1-202

（图1-202）本题设有陷阱。黑棋特别要注意A位的缺陷，如果没有这个缺陷，则白棋简单不活。

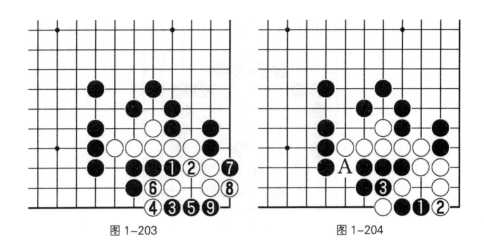

图 1-203   图 1-204

（图1-203）黑1冲是必然之着，白2时，黑3托是破眼的妙手，白4打，黑5长关键，白6只能粘，则黑7、9可以杀掉白棋。

（图1-204）黑1长时，白2位打，则黑3断打并没有事，黑A位之缺陷不受影响。之后白如提二子，黑可以扑，白仍不活。

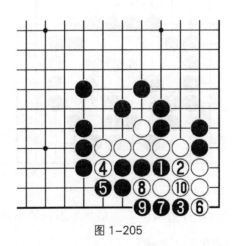

图 1-205

（图1-205）黑1白2时，黑3点入是普通的夺眼手法，但落入白棋所设的陷阱，白4先冲，以下至白10后，黑棋成接不归。

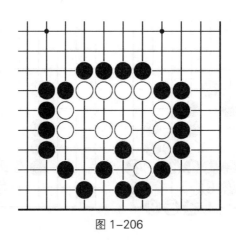

图 1-206

（图1-206）这是一道死活题的经典。

此形有个大盲点，必须要提高警觉。在想不到的地方有正解，但要知道为什么，要花很多时间。

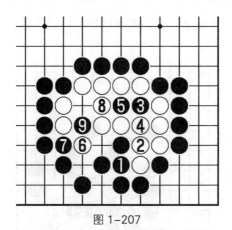

图 1-207

（图1-207）黑1在外边粘一手，是意想不到的绝妙杀手。为什么要这么下，大多数读者可能不知道。

白2位粘，黑3、5多送一子又是好手，白6扩大领域，黑7挤后、再9位扑，白棋已被杀。除黑1以外，走任何一手都无法杀白。

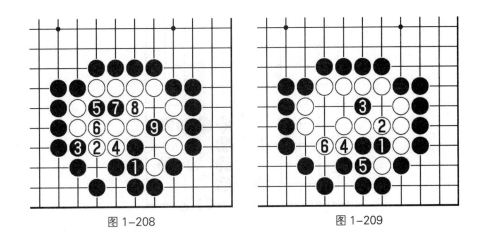

图1-208　　　　　　　　　　　图1-209

（图1-208）黑1粘时，白2扩大领域，黑3仍是要点，白4，黑5、7弃子还是好手，白8提，黑9挖后，白棋仍被杀。

（图1-209）黑1位断是错着，白2粘，黑3点眼，由于白4打是先手，然后再于6位做眼可净活，黑失败。

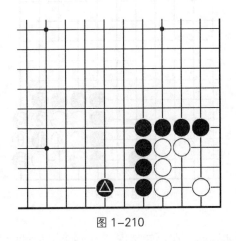

图1-210

（图1-210）这是金柜角的变形。由于白棋气太紧，加之黑有一个△子发挥作用，注意行棋的次序，黑可以无条件杀死白棋。

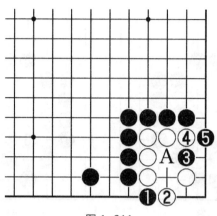

图 1-211

（图1-211）黑1先扳，是正确的次序。

白2挡只此一手，于是黑再走3、5渡过。至此，白棋由于气紧而不能在A位入子，白因此无法做活。

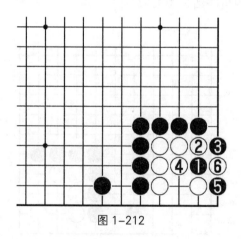

图 1-212

（图1-212）黑1靠，在一般情况下是好手，但此时却不适用。白2、4冲打，黑棋如在6位接，白5位打即可做活。黑5扳一手不得已，白6提后成劫争，黑失败。

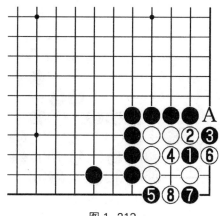

图 1-213

（图1-213）白4打吃时，黑如5位打，以下至白8扑，形成打劫。尤其白A位提是先手的话，角上将形成连环劫，白可成净活。

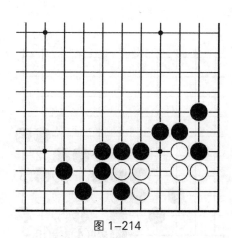

图 1-214

（图1-214）这是难度较大的死活题。乍一看好像能简单杀死，再思考又像是劫杀，使用一般手段好像很难奏效，必须走出妙手才可净杀白棋。

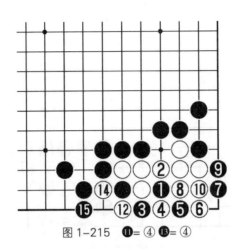

图 1-215 ⓫=④ ⓭=④

（图1-125）此时，黑1夹乍一看像是俗手，其实是强有力的手段。白2接是理所当然的一着，黑3渡，白4、6虽是手筋，但黑7、9点渡是强手，白10粘时，黑11粘是很妙的一手，白12提，黑13点是手筋，以下至黑15立，白被净杀。

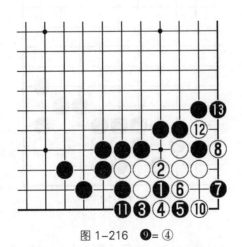

图 1-216 ❾=④

（图1-216）黑7点时，白8如果打吃右边这一黑子，黑9就占左边，以下进行至黑13止，与前图仅仅是方向不同而已，白仍不活。

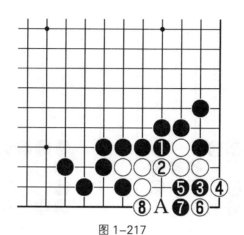

图 1-217

（图1-217）黑1若单从外边压缩白的空间，这是一般常识性的下法。白2挡是要点，黑3夹时，白4扳是必然的一手，以下至白8立，角上形成万年劫，黑失败。白8立是好手，如随手在A位打吃，将形成紧气劫。

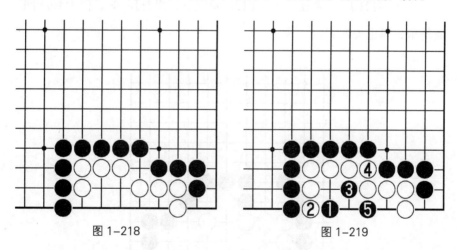

图 1-218   图 1-219

（图1-218）本题看似简单，其实不然，黑如随手而下，必将以失败告终。

（图1-219）黑1点是此际的手筋。白2挡必然，黑3先尖再5位扳是好次序，至此，白被杀。黑3如单在5位托，则白3位团，这样将成为双活。

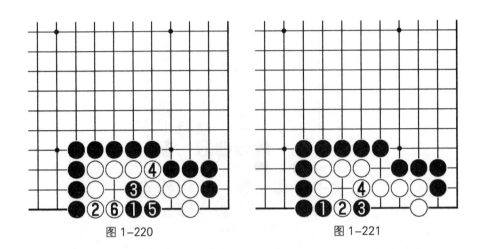

图 1-220　　　　　　　　　　　　图 1-221

（图1-220）黑1若点右边如何？白2挡是要点，黑3、5后，白占到6位，则成为双活，黑失败。

（图1-221）黑1若拐一手，白2挡是强手，黑3打吃时，白走4位可形成劫争，黑也失败。

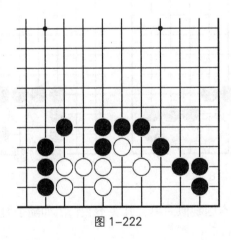

图 1-222

（图1-222）无论怎么看，白似乎都不会死，但利用好手筋可使白构不成活形。

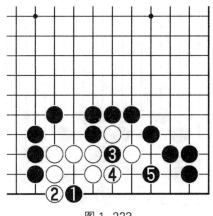

图 1-223

（图1-223）黑1点是杀棋的要点，因为白走此处就形成完整的眼形，因此1位是双方的急所。不过，白的空间还很大，所以仍需走出好手。

白2挡是必然的一手，黑3扑是此种场合的巧妙手筋，白4提时，则黑5再尖。至此，白已无法做活。

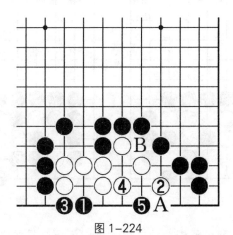

图 1-224

（图1-224）黑1点时，如果白2尖，黑3就渡回，等白4做眼时，黑5点是急所。之后，或在A位渡过，或在B位破眼，两者必得其一，白仍被杀。

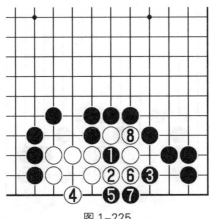

图 1-225

（图1-225）黑1先扑是错误的一手，白2提后，黑3再尖时，白4做眼是活棋的要点。以下黑5、7破眼时，白可8位在上边做出一眼而成活，黑失败。

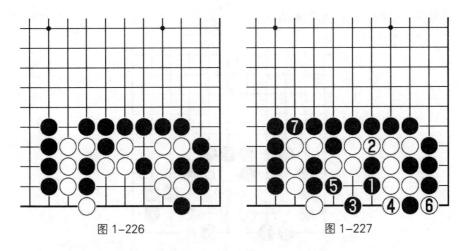

图 1-226　　　　　　　　　　图 1-227

（图1-226）黑棋要想杀掉白棋，考虑不周全是要失败的。

第一手是必然的，第三手是妙手。

（图1-227）黑1和白2均是必然，黑3小尖是绝妙的一手，白4挡时，黑5拐出严厉，以下至黑7打吃，白全体被杀。

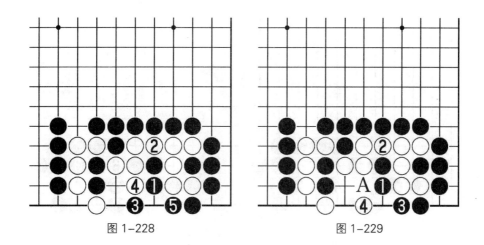

图 1-228　　　　　　　　图 1-229

（图1-228）黑3尖时，白若4位打吃，则黑5渡过，白仍无法做活。

（图1-229）黑1长后若随手在3位渡过，则白4跳是绝好的一手，黑已无法杀白，黑失败。

黑1若单在2位粘，则白1位挡，黑3爬时，白A位粘后即可成活。

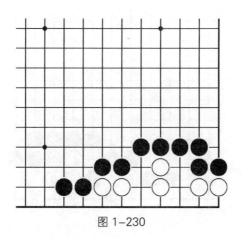

图 1-230

（图1-230）白棋的形状颇有弹性，黑要想杀白，必须利用白棋气紧的缺陷，占据急所才能获得成功。

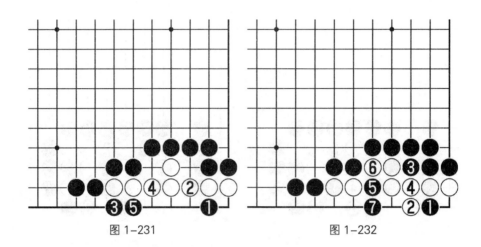

图 1-231   图 1-232

（图1-231）黑1点在"二·1"路是死活的急所。

白2粘，黑再3位扳是绝好的次序，以下至黑5爬，白已无法做活而被杀。

（图1-232）对黑1点，白走2位虎，则黑3先团，待白4粘后，黑再5位挖，至黑7立下，由于白两边不能入气而被杀。

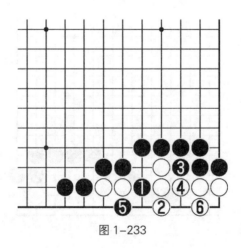

图 1-233

（图1-233）黑1先挖次序有误，白2立是好手，黑3白4必然，黑5只能吃掉白二子，白6正好做出两眼成净活，黑失败。

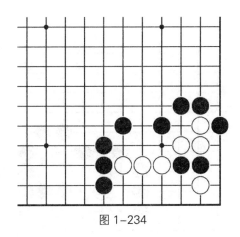

图 1-234

（图1-234）活动范围虽小，但变化却很复杂，特别是要防范对方的
最强应手。

只要细致周密地思考，就能得出正确的答案。

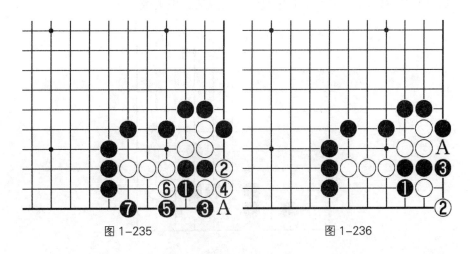

图 1-235 　　　　　　　　　　图 1-236

（图1-235）黑1拐下是必然的一手，白2渡时，黑3先打一手，然后再
于5位尖是渡过的手筋，至黑7尖回，由于白A位不入气，白已无法做活。

（图1-236）黑1拐时，白2位尖角是最强的抵抗，但黑有3位立的好手，
白毫无后续手段。黑3千万不能随手在A位渡，否则白于3位扑后成劫争。

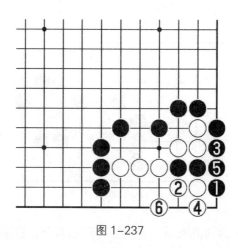

图 1-237

（图1-237）黑1扳看似像妙手，其实白有2、4打吃后再立的好手，黑5粘只能如此，白6倒虎正好做出两眼成活，黑失败。

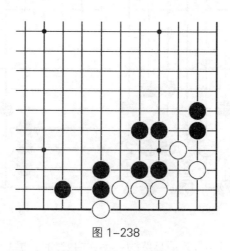

图 1-238

（图1-238）棋形虽然较复杂，道理却很简单。但草率从事就将走成白棋净活。

仔细观察棋形，只要走出手筋就可做到全歼白棋。

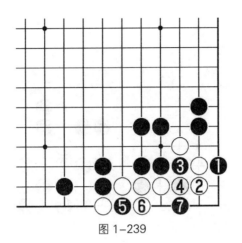

图 1-239

（图1-239）黑1托是此际的手筋，也是死活棋的基本原理，先从外往里缩小对方的空间。

白2如退，黑3、5继续缩小白棋的空间，然后再于7位点眼，白必死无疑。

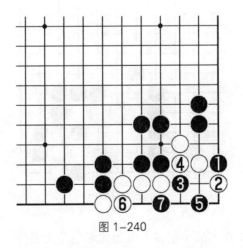

图 1-240

（图1-240）对黑1托，白如改在2位打，则黑3、5是华丽的攻杀手筋。白6粘，黑7扳，白已无法做出两眼而被杀。

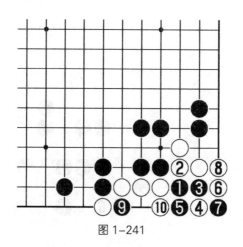

图 1-241

（图1-241）黑1、3扳长是大多数人的第一感，但白有4位夹的手筋，黑5只能打吃，白6、8打粘是好手，黑9扑，白10打吃后黑成胀死牛，白净活，黑失败。

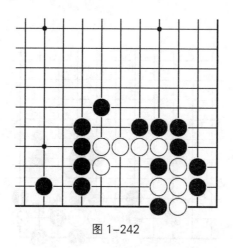

图 1-242

（图1-242）在实战中很多人以为此形白是无条件活，就这样放过去了。但仔细考虑一下，黑还是有杀白的好手段。

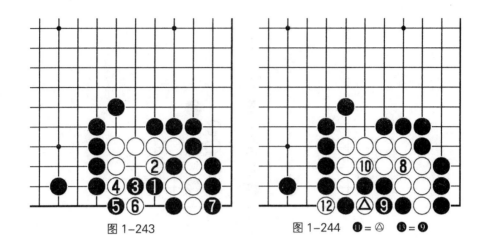

图 1-243　　　　图 1-244　⑪ = △　⑬ = ⑨

（图1-243）黑1打是正确的下法，白2提必然，以下进行至白6扑双方大致如此，黑7不提而反打是此际的妙手。

（图1-244）接前图。白8接是最强的应手，这时黑9提已达到目的。白10打吃后形成接不归，但黑却仍在11位接上是弃子的巧手，故意让白12提掉，然后再于13位点，白被净杀。黑棋的手法很值得品味。

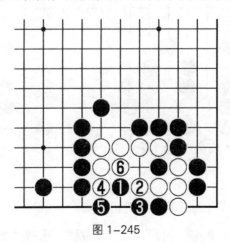

图 1-245

（图1-245）黑1跳是一般性的乏味着法。白2顶是要点，黑3长一子虽是巧手，但白有4、6冲打的下法，黑成接不归，白净活，黑失败。

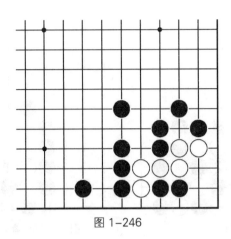

图 1-246

（图1-246）也许有人认为黑棋很容易就可以把白棋吃掉，其实白棋棋形很有弹性，如草率从事将走成劫争。

请找出能净杀白棋的妙手。

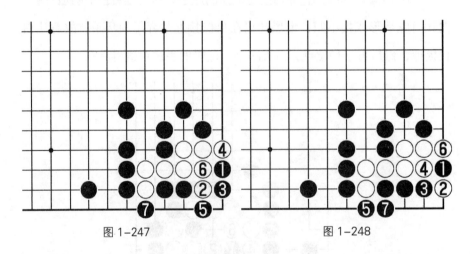

图 1-247   图 1-248

（图1-247）黑1先点是杀棋的绝妙之着，白2扳时，黑3再爬又是巧手，白4只能阻渡，黑5先手打后再于7位渡回，很巧妙地把白棋杀掉。

（图1-248）黑1点时，白2如靠一手，黑3顶后再5位渡过是好次序，白6提，黑7粘后，白仍不活。白2如直接在6位挡，则黑5位渡过，白被杀。

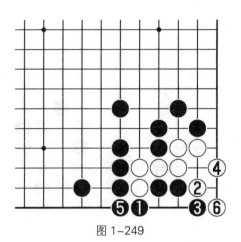

图 1-249

（图1-249）一般人以为黑1渡过就可把白杀掉，但却忽略了白2、4的最强应手，黑5粘时，白有6位扑的顽强抵抗，这样将形成劫争，黑失败。

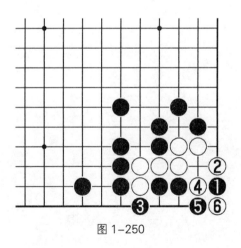

图 1-250

（图1-250）黑1跳看似好棋，但白有2位的好手，以下至白6止，仍是打劫，黑失败。

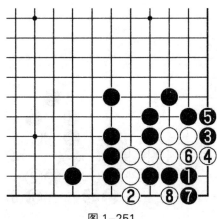

图 1-251

（图1-251）黑1长角又如何？白2立阻渡必然。黑3扳以下至白6大致如此，黑7时，白8扑是好手，杀气白快一气胜。黑7如走8位，则白于7位扑，黑也不行。

第二章

活棋的妙手

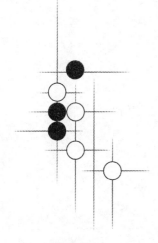

要想活棋，首先得考虑如何扩大眼位，眼位较大，着手的余地也多。根据实战棋形的配置，可能出现不能扩大眼位的情况，也可能出现扩大了棋形但没有眼位的情况。在这种场合，请不要犹豫，务必先抢占眼位的急所。

如果能做到一看棋形就能发现急所，则会增强棋力。

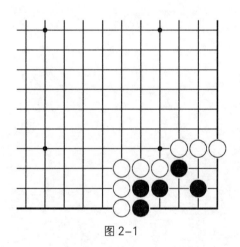

图 2-1

（图2-1）这是一道很有名的死活题，黑棋的生死到底如何？
请向著名的死活题挑战！

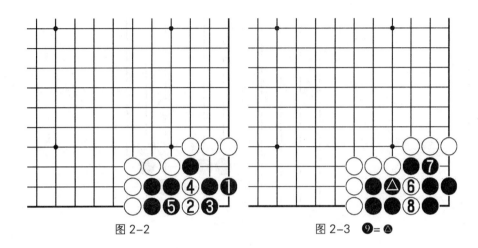

图 2-2   图 2-3 ⑨=▲

（图2-2）黑1首先要扩大眼位，问题在于以后怎么应？

白2点眼必然，黑3挡也只能如此，白4扑，黑5提都是必然之着。

（图2-3）接前图。当白6扑时，你是否知道有黑7粘的着法呢？

白8提四子时，黑9位断打反吃白两子可成活，这就是典型的"倒脱靴"。

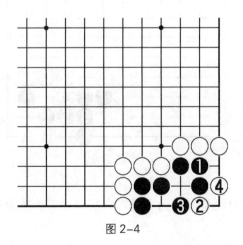

图 2-4

（图2-4）黑1虽也是扩大眼位，但不是急所。白2托是妙手，黑3打吃时，白有4位扳的强手，打劫已不可避免，黑失败。

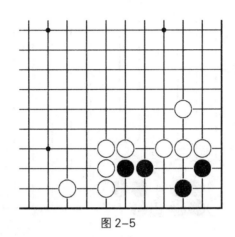

图 2-5

（图2-5）这是白棋星位加大飞，然后黑侵角后常会出现的形。
黑怎样走才能成活？要求轻快的手筋。

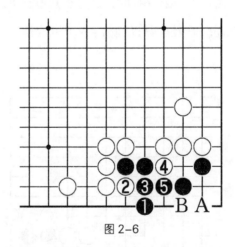

图 2-6

（图2-6）黑1跳是轻快的手筋。白2、4冲后，黑地虽狭窄，但已有
可活棋的眼位。

白2即使直接点在A位也不会成功，因黑B位挡后，左右仍可各确保
一眼。由于黑外边松一气，白5位跨的手段不成立，多么漂亮的活形！

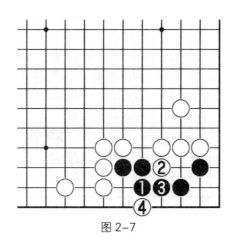

图 2-7

（图2-7）黑1是无效率之着。白2冲、4托缩小黑空间，黑棋已无法确保做两只眼的眼位。

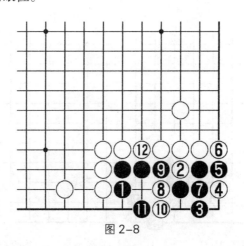

图 2-8

（图2-8）黑1最大限度地抵抗如何？

白2挤是正确的次序，也是此际的巧妙手筋。黑3是最强的抵抗，白4点好手，然后6、8顺其自然，黑9断时，白10立是手筋。至白12止，全体黑棋气紧，黑将两边不能入子而死。

黑3若在7位粘，则白于11位点，黑也无能为力。

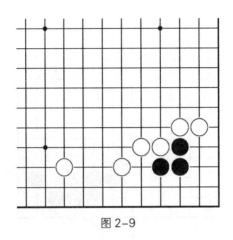

图 2-9

（图2-9）黑棋虽然只有三子，但能找到急所还是可做活的。这种棋形的急所在何处呢？

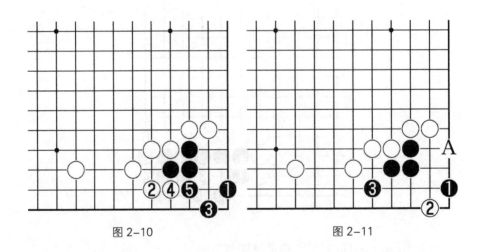

图 2-10   图 2-11

（图2-10）黑1占据"二·1"路是此际的急所，也是最易做眼的场所。

白2尖时，黑3又是急所，以下至黑5，白棋已无法杀黑。

（图2-11）对黑1，白2位点，黑3则扩大眼位，白也不行。白2若走A位尖，则黑占据2位急所。

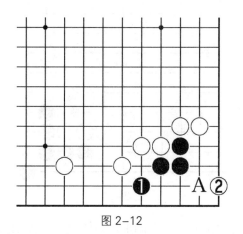

图 2-12

（图2-12）黑若1位扩大眼位，被白2大飞，黑已无法做活，黑失败。黑1如走A位，白则1位尖，黑也不活。

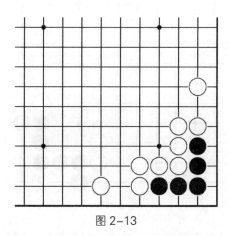

图 2-13

（图2-13）黑棋形态曲折，看似有足够的做活空间，但其着手点是在有特殊性的角上。

请注意左右同形的特征。

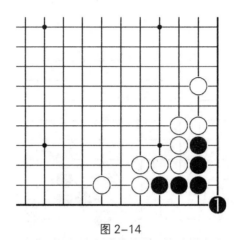

图 2-14

（图2-14）有句棋谚"左右同形中央有棋"，而本图的黑1正是这手棋，白棋再也吃不掉黑棋了。

除黑1之外，其他手法都不会成立。

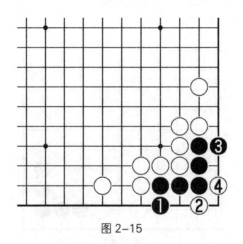

图 2-15

（图2-15）黑1立下是常识的着手，目的是扩大眼位，但此手有很大的缺陷。

白2点在"二·1"路是急所，黑棋只好3位扩大领域，白4扳后，角上成为盘角曲四，黑死。

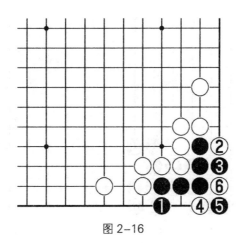

图 2-16

（图2-16）对黑1立，白2扳如何？结论肯定是坏棋，但黑若随手在3位打也是坏棋，白棋有4位之好手，以下至白6成为劫争。

黑3于4位做眼是正确的应手，这样可以无条件活。

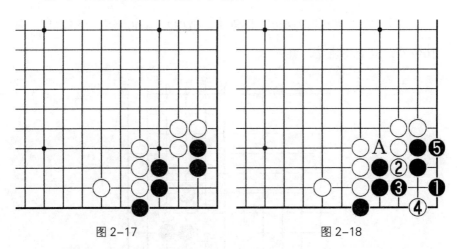

图 2-17   图 2-18

（图2-17）黑棋形态看起来靠不住，其实黑先可以做活，左边的扳是命根儿。

（图2-18）黑1尖是好棋，白2冲黑3挡时，白4点入虽是急所，但黑5立下做眼即可。黑棋因A处尚未紧气而成活。

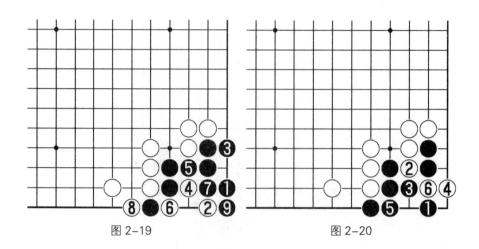

图 2-19   图 2-20

（图2-19）黑1尖时，白单2位点入如何？黑3立只此一手，白4、6企图做成劫争，但白棋只能空欢喜一场。因黑有7、9位打吃的好手，白棋接不归。

（图2-20）黑1若占这边不是急所，被白2、4冲点后，黑5粘时，白可6位断，成金鸡独立，黑失败。

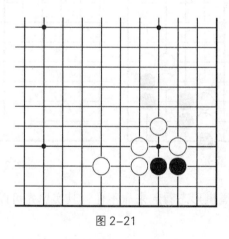

图 2-21

（图2-21）看上去黑棋无法做活，但黑棋的第一手占据急所，则可无条件活，但黑棋后来的着手也要尽善尽美。

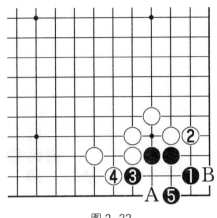

图 2-22

（图2-22）黑1尖是第一手好棋，白2立下时，黑3扳，白4挡时，黑5虎是第二手好棋，如此黑已成活。

黑5若在A位虎则错误，白棋有B位托的强手，这样将形成劫争。

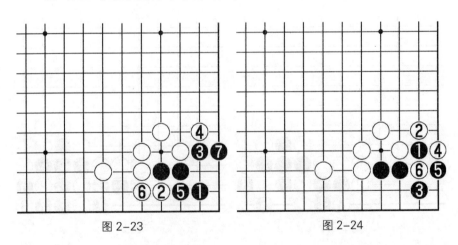

图 2-23   图 2-24

（图2-23）黑1尖时，白2扳，黑3先扳一手，然后再于5位团，待白6粘上后，黑于7位立即可做活。

（图2-24）黑1、3扳虎，是一般人的第一感，但白4打吃时，黑只能5位做劫，至白6提成劫争，黑显然失败。

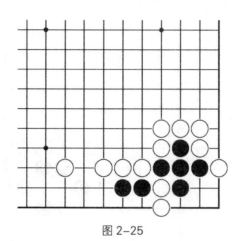

图 2-25

（图2-25）势单力薄的黑棋，不可能全部做活，里面藏有怎样的妙手呢？

正确的行棋次序是成功的保证。

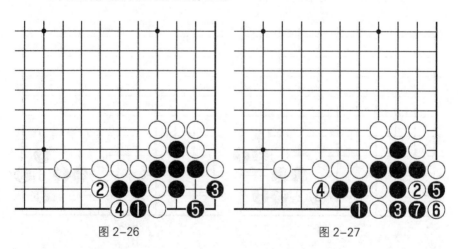

图 2-26　　　　　　　　图 2-27

（图2-26）黑1打吃是必然的，当白2打时，黑不理而于3位打是妙手，白4提时，黑通过弃掉三子于5位做活是正解。

（图2-27）黑1打时，白若改2位打，黑3提，白4拐，黑有5、7吃白接不归的手段，白也不行。

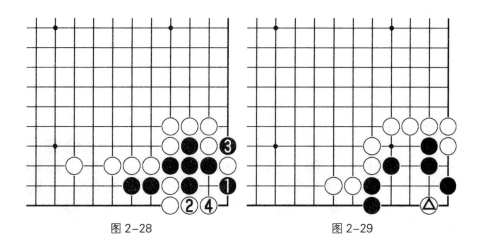

图 2-28   图 2-29

（图2-28）黑1直接打吃角上是无谋的一手，白2、4后，黑失败。

黑1如改走2位打吃则是方向错误，这时白可于1位长，黑无法做活。

（图2-29）白△一子正点在急所上，黑棋要使用什么技巧来做活？

劫活不充分，请认真思考争取无条件净活。

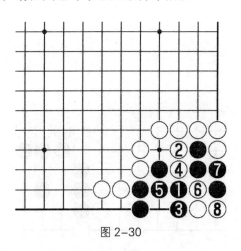

图 2-30

（图2-30）黑1、3看似很委屈，其实正是做眼的好手。

白4挤、白6扑连续破眼，志在杀黑，但至黑7接是弃子的巧手，白8只能提。黑7若在8位提，则白6扑，黑死。

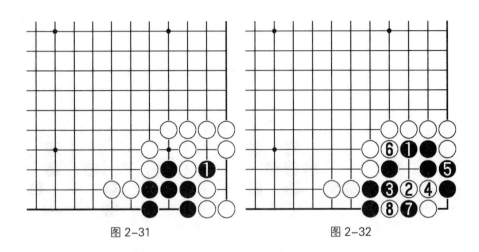

图 2-31   图 2-32

（图2-31）接前图。白提掉四子后，黑1断吃成立，这样做成典型的倒脱靴，黑可成活。

（图2-32）黑1扩大眼位虽有力，但经白2以下至白8难免成劫活。劫活是失败的。

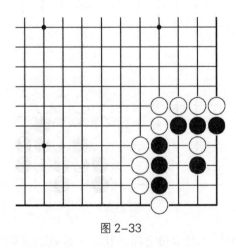

图 2-33

（图2-33）白棋挖一手，黑棋似乎很头痛。

黑棋是直接应好呢，还是在下边先着手好呢？请找到活棋的急所。

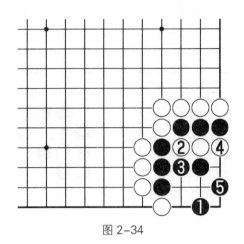

图 2-34

（图2-34）黑1跳下求活是当务之急，白2如断打，则黑3、5正好做出两眼而成活。舍弃黑三子是没办法的，否则无法做活。

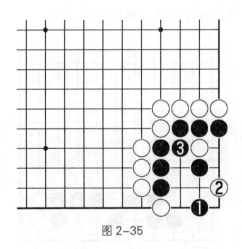

图 2-35

（图2-35）黑1跳时，白2点入也没有用，黑3打，白棋无法接回白②之子，黑活。

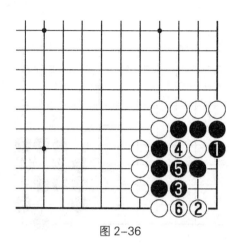

图 2-36

（图2-36）黑如不肯舍弃三子而于本图1位打，则白2跳入是要点，黑3长时，白4先送二子是好手，黑5只好提，白6渡过，黑棋已无法做出两眼而被吃。

黑1如在4位打，则白3位扳，黑棋不活。

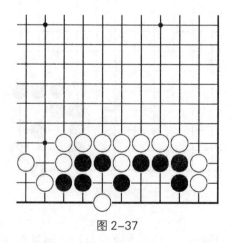

图 2-37

（图2-37）白棋的一路点入是手筋，黑棋如平凡地应，则难免崩溃，必须找寻比白棋更强烈的手筋，才能渡过危机。

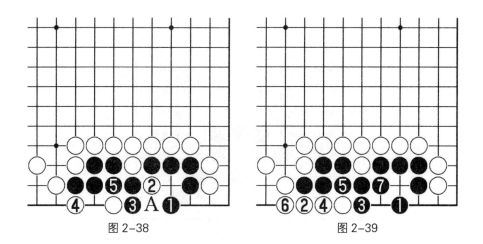

图 2-38   图 2-39

（图2-38）黑1尖是比白点入更强烈的手筋。白如2位断，则黑3、5，白棋无法渡过，黑活。白2如走3位爬，黑A位挡后，白仍渡不过。

（图2-39）黑1尖时，白如2位扳过，则黑3、5之后于7位可做出两眼，不必舍弃左边四子，整个黑棋活定。

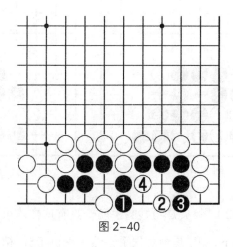

图 2-40

（图2-40）黑1若随手挡，虽可以阻白渡过，但白再2位点入，黑3挡，白4断后，左右两边都不能入子，黑棋崩溃。

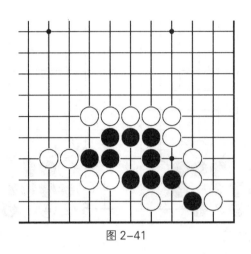

图 2-41

（图2-41）黑棋如需要摆脱危机，就必须走出锐利的妙手。

到底走在哪里好呢？

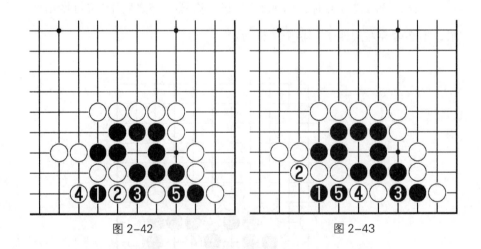

图 2-42　　　　　　　　　　　　　图 2-43

（图2-42）黑1夹是巧妙的手筋，只有这样才可摆脱危机。

白2如拐下，黑3是绝对先手，然后黑再于5位粘，活了。

（图2-43）对黑1夹，白2若粘上，黑3也粘上，这时白4爬，则黑5断，对杀黑胜。白2若在3位断吃，则黑2位吃掉白两子。

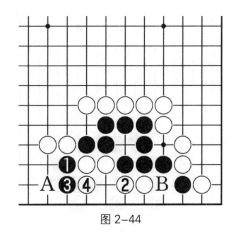

图 2-44

（图2-44）黑1单断如何？白可2位爬回，黑3立时，白4挡，之后A位和B位成见合，黑失败。

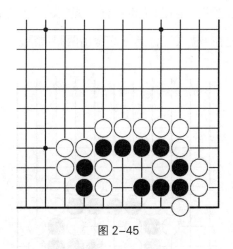

图 2-45

（图2-45）黑需要再做一眼，但因空间狭小，必须借助手筋来解决。

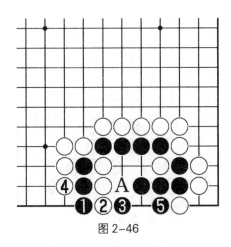

图 2-46

（图2-46）黑1下立是不易被人发现的妙手，以此弃掉三子是解救整块黑棋的好手。

白2挡是必然之着，走在4位也一样。黑3尖顶是先手，然后再5位做眼，因白气紧不能在A位入气，黑正好做出两眼成活。

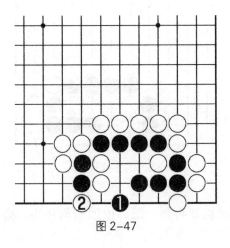

图 2-47

（图2-47）黑若1位单尖，看似妙手，但白2一路打吃是好手，黑便再无后续手段，黑失败。

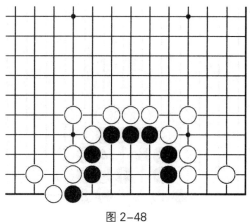

图 2-48

（图2-48）黑棋的第一手是常识的着手，也很容易想到。但黑棋的第三手要慎重，也是本棋形活棋的关键一手。

必须做活整个黑棋，请注意左右同形的特征。

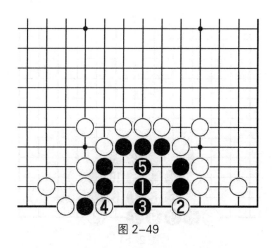

图 2-49

（图2-49）黑1正是"左右同形走中央"的要点，除此之外，没有第二手。

但白2扳时，黑棋要提高警觉。黑3立下是沉着的妙手，白4提时，黑5再接上是巧手，由于白两边挖打都将成接不归，黑棋巧妙做活。

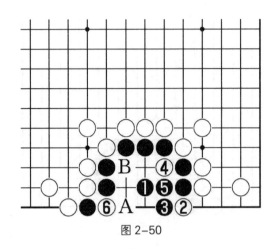

图 2-50

（图2-50）白2扳时，黑棋如不小心在3位挡，则白4、黑5粘，白再6位提，由于黑不能在A位挡，白B成为双打吃，黑棋顿死。

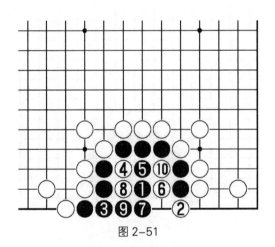

图 2-51

（图2-51）对白2扳，黑若3位粘，白4断是好手，黑5打吃，白6挖打，黑7立时，白8先送吃二子好棋，然后再于10位提，黑棋顿死。黑5如改在8位打吃，则白7位托，黑6粘，白5位长，黑仍不活。

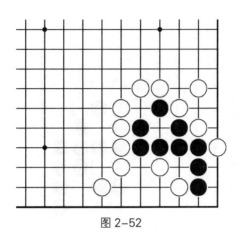

图 2-52

（图2-52）黑棋因角部做眼和中央做眼是见合，让人一看便感到做两眼较难，但妙手可以解决这个问题。请抓住白的薄弱环节。

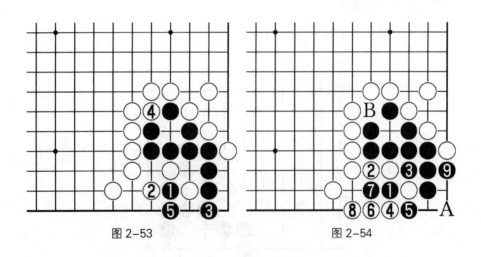

图 2-53　　　　　　　图 2-54

（图2-53）黑1挤是妙手，白2打吃，黑3再立是绝好的次序，白4与黑5形成见合。至黑5成活棋。

（图2-54）对黑1挤，白若2、4求变，黑5提后，再于黑9挡，A位与B位仍成见合。

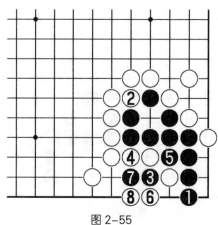

图 2-55

（图2-55）黑1若单立，次序明显有误。

白2打吃破眼必然，黑3再挤时，白可4位粘，黑5断打，白6一路抱打好棋，这样黑将被吃。

由此可见，次序是十分重要的。

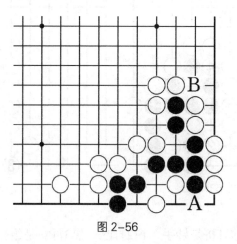

图 2-56

（图2-56）现在黑如于A位立，白即在B位接，黑成被点杀之形。难道就没有防备被点杀的办法吗？

请利用角上的特殊性。

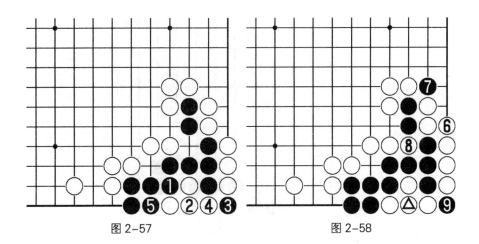

图 2-57 图 2-58

（图2-57）黑1打吃容易想到，白2粘，黑3扑是利用角上的特殊性使白接不归的妙手，白4只能提，黑5打吃已成立。

（图2-58）接前图。对白6粘，黑7断是妙手，白8只能断吃二子，接下来黑9提是先手，白因不能在△位点眼，黑成净活。

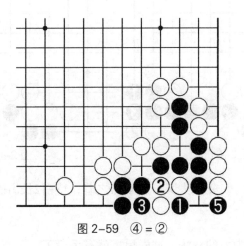

图 2-59 ④=②

（图2-59）黑1扑虽也是妙手，但白有2位单接的好手，以下至黑5扑成为打劫活，黑失败。

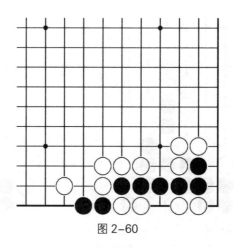

图 2-60

（图2-60）想做活而又感到眼位狭小，这里暗藏避免对方点眼、起死回生的妙手。

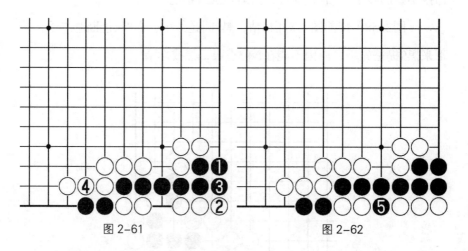

图 2-61   图 2-62

（图2-61）黑1先扩大眼位是必然之着，待白2长出破眼时，黑3打吃是妙手。

白4是无能为力的着法，这样黑棋就有手段了。

（图2-62）接前图。黑5可同时提白二子和三子，这样，黑两边做眼成见合，白已无法杀黑。

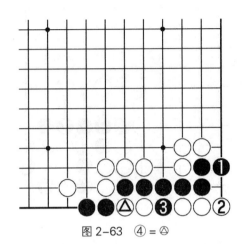

图 2-63 ④ = △

（图2-63）白2长时，黑3先提二子，白4扑后，角上成"直三"被吃，黑失败。

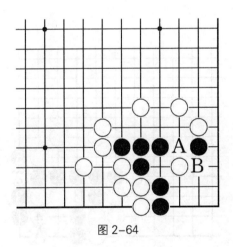

图 2-64

（图2-64）黑除了A位粘之外没有别的办法，问题是白B位夹时，黑棋应采取怎样的对策呢？

这是《玄玄棋经》的名作之一。

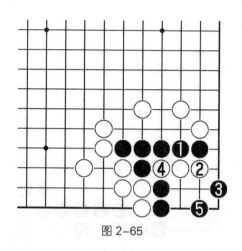

图 2-65

（图2-65）黑1接、白2夹都是必然之着，黑3是妙手，一边阻止白渡过，一边防白4位断。

白4断时，黑5又是妙手，黑棋连续下出黑3、5两个"二·1路"的妙手，才得以做活。

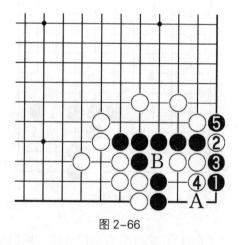

图 2-66

（图2-66）对黑1，白2若渡，则黑3断打，白4时，黑5提，白已无法使黑形成"刀把五"的死棋。之后，白A则黑B。

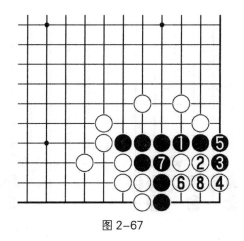

图 2-67

（图2-67）白2夹时，黑若3、5扳粘是无谋之着。白6先夹，然后再8位团是好棋，这样形成"刀把五"而被吃。即使白8脱先，黑棋也不活，黑失败。

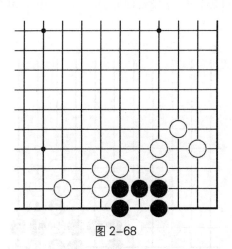

图 2-68

（图2-68）不用说，黑在角部能否再有一眼，是这个问题的焦点。请找出活棋的妙手。

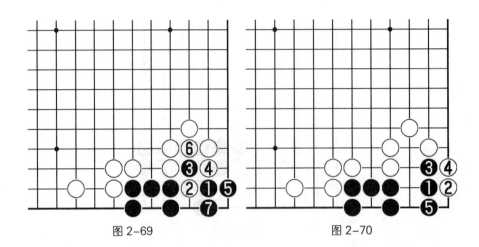

图 2-69   图 2-70

（图2-69）黑1跳扩大空间是必然的，白2挖，黑3打吃，白4断时，黑5立是巧妙的一手，白6提，黑7再立是要点，正好在角上做成一眼而成净活。

（图2-70）对黑1跳，白2若改走托一手，黑3、5顺序很重要，白也无法杀黑。

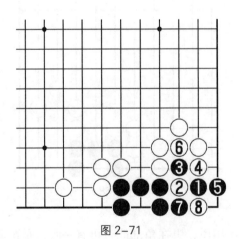

图 2-71

（图2-71）如图进行至白6提，黑7如随手打吃，白8扑后，反而成打劫，黑失败。

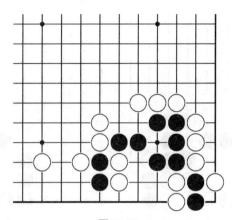

图 2-72

（图2-72）这是有名的古典局部死活问题，黑中央只有一眼，要在边上再做一眼，只有采用倒扑的技巧才能成功。

请活用右边两个黑子帮助左边两黑子之策动，这样黑棋才能漂亮地活棋。

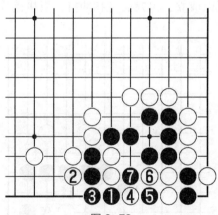

图 2-73

（图2-73）黑1扳是有趣的妙手，白2自然打吃，黑3接极妙，明知被吃还有意送吃，这就是本题的妙味。

白4打吃时，黑5、7扑吃漂亮，白二子和白三子被双打吃。黑方极好地活用了倒扑的手筋。

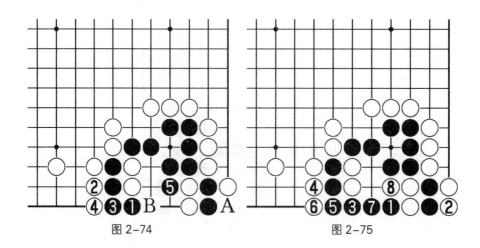

图 2-74　　　　　　　　　图 2-75

（图2-74）黑3粘时，如果白4打的话，则黑5打吃是先手。之后，白如A位提二子时，黑B长出，吃掉白二子可成活。

（图2-75）黑棋不能随手先取1位打吃之利，白2提必然，黑3再扳时，白4、6外打可以成立，黑7粘，白8冲打，黑棋彻底崩溃。

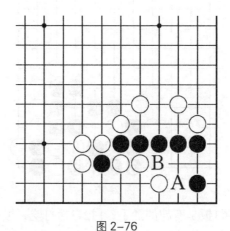

图 2-76

（图2-76）黑如走A位，白则B位应，黑如走B位，白则A位应，似乎都无法做成两眼。但这里却暗藏妙手可起死回生。

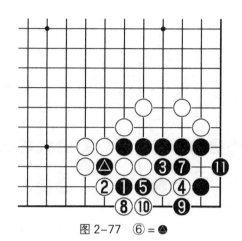

图 2-77　⑥ = ▲

（图2-77）黑1扳是起死回生的妙手，这样可根据白的应手再选择下一步的走法。

白2提，黑3挤好手，白4顶，则黑5先手打，然后有黑7、9的利用，至黑11，黑成净活。白2若4位顶，黑则5位打，结果同本图一样。

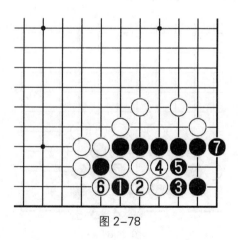

图 2-78

（图2-78）对黑1扳，白2团，则黑3顶，由于黑1和白2的交换，黑5团已变成先手，然后7位立即可成活。

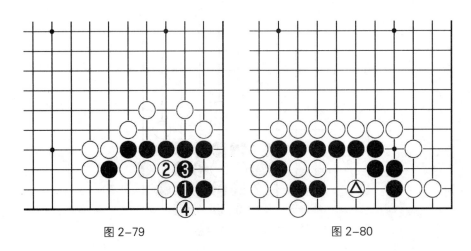

图 2-79   图 2-80

（图2-79）黑1直接顶是乏味的一手，白2、4可简单地把黑棋杀死，黑失败。

（图2-80）黑棋的关键是如何防止白△一子连回，这样才能做出两眼活棋。

多少有些盲点，但黑仍有做眼的妙手。

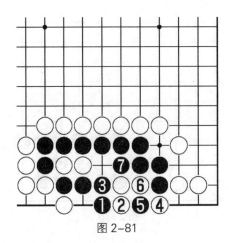

图 2-81

（图2-81）黑1尖是阻渡的妙手，白2挡，黑3团，白4扳企图渡过，但黑5、7扑吃成立，白三子被吃接不归，黑活。

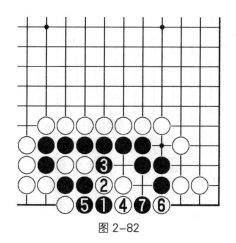

图 2-82

（图2-82）对黑1尖，白2先打吃，黑3提必然，白4、6仍企图渡过时，黑7扑后结果同前图一样，白还是接不回去。

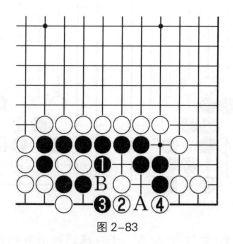

图 2-83

（图2-83）黑在1位单提是平凡的一手。白2立下是好手，黑3再尖时，由于白已松出两口气，白4扳即可渡过，黑A位扑已不成立，黑失败。

黑1如下在B位，白在3位即可扳过，黑仍失败。

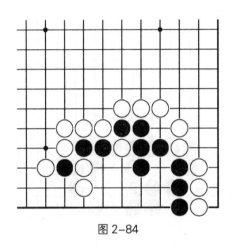

图 2-84

（图2-84）黑因有气紧的缺陷，故不能简单地做活，这时应采用弃子战术。

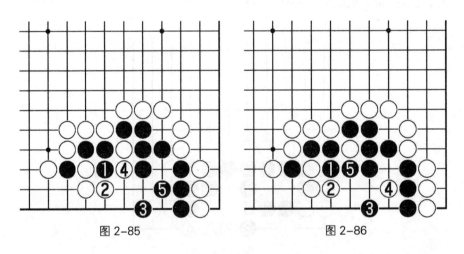

图 2-85　　　　　　　　　　　　图 2-86

（图2-85）黑1先与白2交换一手，然后再走黑3的急所是精妙的顺序，只有这样用弃子战术才能求得生存。白4提三子，黑5漂亮地做出两眼成活。

（图2-86）黑3跳时，白在4位点入破眼，黑5提掉子后，白4一子已无法连回，黑全部做活。

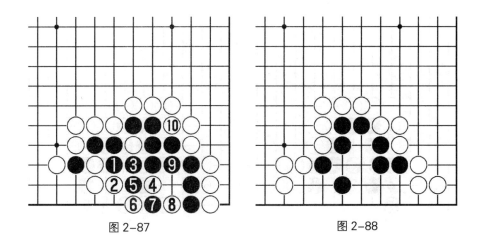

图 2-87　　　　　　　　　　　图 2-88

（图2-87）白2打吃时，黑3若随手提一子是错误之着。

由于黑气太紧，白4托靠可以成立，以下进行至白10，黑已无法入气而被吃，黑失败。

（图2-88）此时黑怎样扩大眼位才能活棋？走成打劫不能满意。

第一着是关键的妙手。

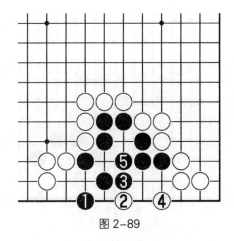

图 2-89

（图2-89）黑1尖是此形扩大眼位的妙手。

白如2位大飞，黑3、5可简单地做活。

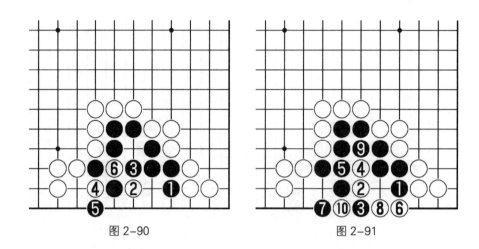

图 2-90   图 2-91

（图2-90）黑1挡，着法过于平凡。白在2位靠是手筋，以下至白6双方必然，结果成打劫，黑失败。

（图2-91）白2靠时，黑即使在3位扳，白4、6冲扳是次序，黑再7位尖时，白8打至白10提，仍成打劫，黑失败。

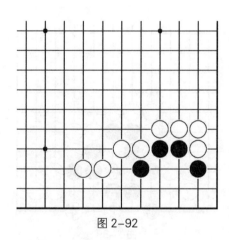

图 2-92

（图2-92）虽有活棋的手筋，但对于初学者来说还是比较困难的。

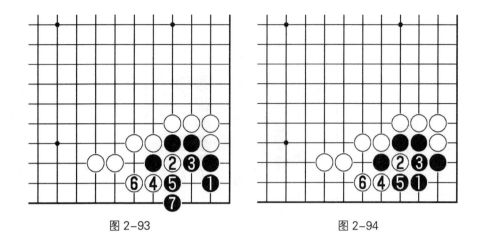

图 2-93　　　　　　　　　　　图 2-94

（图2-93）黑1并一手是巧妙的手筋，也是唯一做活的急所。

白2、4虽是可怕的攻击，但黑占据了1位的急所，至黑7可做活。

（图2-94）乍一看黑1虎是本形，但在这里并不是急所。

这时白2、4断吃可以成立，至白6退回，黑已无法做活，黑失败。

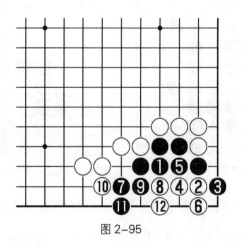

图 2-95

（图2-95）黑1若粘上如何？白2夹是急所，黑3扳只能如此，白4、6长立是要点，以下至白12做眼，形成有眼杀无眼，黑被吃。黑11若走12位扳，则白11位扳，角上成"刀把五"。

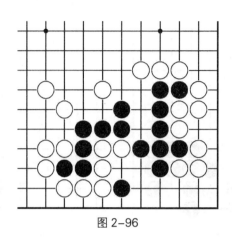

图 2-96

（图2-96）黑棋在上边已有一个眼，关键是如何在下边再做出一眼。那么，做活的要点在哪里？

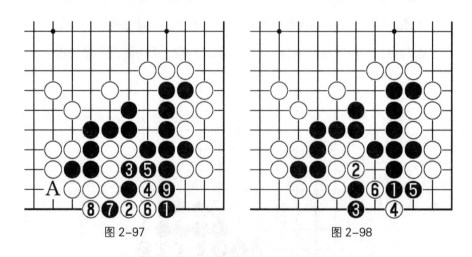

图 2-97　　　　　　　　　　　　　　图 2-98

（图2-97）在A位有断点的棋形中，黑1位跳就成了急所。

对白2扳，黑3是好手，以下至黑9打，白三子成接不归。白2若走3位，则黑2位立，黑仍可做出一眼。

（图2-98）黑1单立是一般人的感觉，但白2团后，黑再3位立时，白有4位托的妙手，黑5拐，白6挖后成倒扑形状，黑失败。

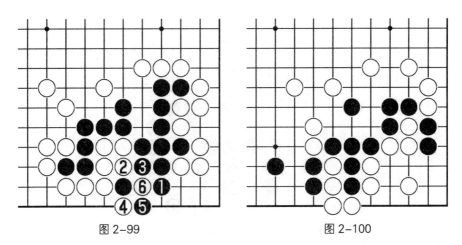

图2-99　　　　　　　　　　　　图2-100

（图2-99）白2团时，黑3若做眼，白4打吃，黑5能做劫，白6提后成打劫活，黑仍失败。

（图2-100）黑棋能否吃掉渡过的左边四个白子？只有紧贴白棋才有希望。

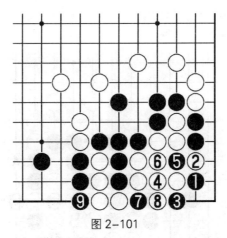

图2-101

（图2-101）黑1靠是成功的第一步，白2挖必然，黑3扳是绝妙的一手。

白如4位粘，则黑5、7连续扑是好手，把白棋气紧了，然后再于9位打吃，白四子已成接不归。

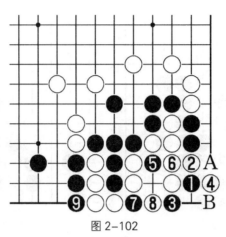

图 2-102

（图2-102）黑3扳时，白改在4位打如何？

黑5断打是次序，白6粘后，黑再7位扑，至黑9打吃，白仍是接不归。黑3如随手在A位打是错着，白6粘，黑虽有3位扳后再B位做劫的手段，但那样将成缓气劫，黑失败。

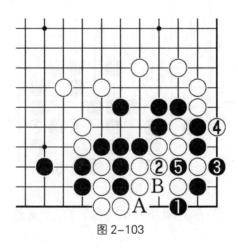

图 2-103

（图2-103）黑1扳时，白2做眼是最强的应手，黑3打吃，白4反打，这样可以走成劫争。白2如在A位粘，则黑3打后再于B位吃，白棋崩溃。

144

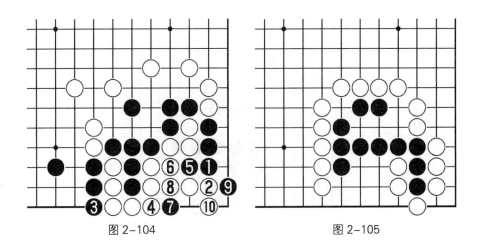

图 2-104　　　　　　　　　　图 2-105

（图2-104）黑1单长是无谋之着，白2挡是必然之手，以下至白10双方成必然，白有眼杀黑无眼，黑中央自然被吃，黑失败。

（图2-105）黑在上边虽有一个眼，但在下边想做出一眼也并不容易，必须使用妙手才能起死回生。

本题若不把白棋的最强应手想出来，就不能算正确的下法。

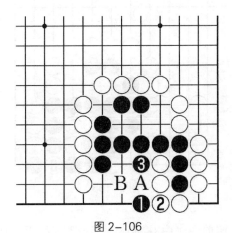

图 2-106

（图2-106）黑1点是此形的妙手，白若2位粘，黑再3位挡即可做活。白2若在A位压，则黑B位扳，结果与本图大同小异。

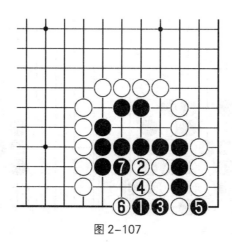

图 2-107

（图2-107）对黑1点，白2长是最强的应手（如白2这一手没有计算到就不能算正解）。

黑3断只能如此，白4、6时，黑7是关键的好手。

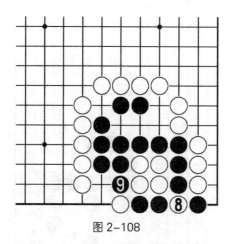

图 2-108

（图2-108）接前图，白8提必然，黑9紧气好手，从而使白四子成接不归，黑活。

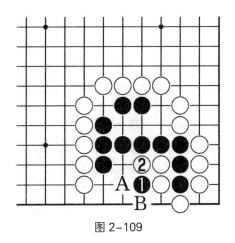

图 2-109

（图2-109）黑1夹是乏味的一手，白2简单冲，黑就无法做活，黑失败。黑1若单走2位，则白A位跳，黑1冲，白B渡后可成打二还一，黑也不活。

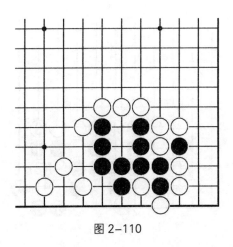

图 2-110

（图2-110）黑上下各有一个后手眼，不想办法是活不了的。如何利用角上的一个死子是关键。

第一步不难，难的是接下去的一步好手不太容易让人注意到。

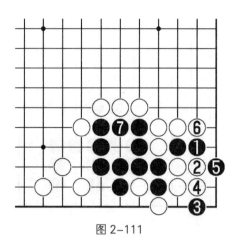

图 2-111

（图2-111）黑1立，大家都会想到，白必定走2位挡。此时，黑3位点是妙手，白如4位团，黑5位扳又是好手，这样一来，白二路一子已经成接不归，黑可从容地在7位做眼成活。

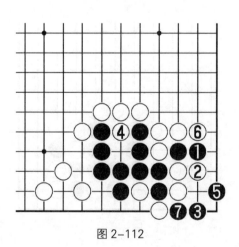

图 2-112

（图2-112）对黑3点，白如7位粘，则黑提一子成先手眼。白4如直接破眼，黑5尖又是妙手，利用两个死子以黑3、5小尖在角上巧妙做出一眼，至黑7成活棋。

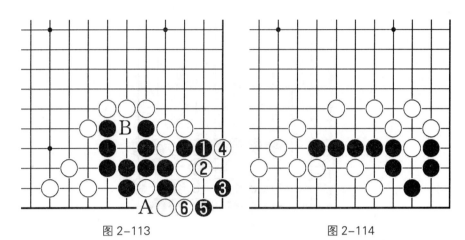

图 2-113   图 2-114

（图2-113）黑3点是个错误，白4一路打吃是好手，黑5再小尖时，则白6接可以成立，之后黑A、B两点难以两全，黑失败。

（图2-114）角上黑棋已没有足够的做活领域。下边白棋的小尖有薄弱之感，问题是黑棋怎样冲击这一个缺陷。这是《玄玄棋经》中优秀作品之一，耐人寻味。

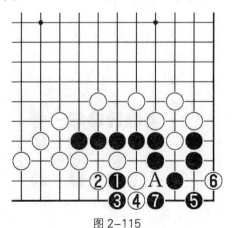

图 2-115

（图2-115）黑1挤试问白的应手，是绝妙的一手。白2打吃必然，黑3立又是妙手。白4如这边打，则黑5虎是好手，白6点入时，黑7尖，由于白A位无法入气，因此黑巧妙做出一眼而成活。

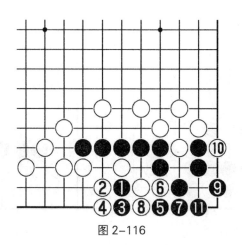

图 2-116

（图2-116）对黑3立，白4相反方向打，黑5尖是先手利，白6挤，则黑7先手后再9位尖，至黑11正好两眼做活。

白6如8位单提，则黑占据11位急所，黑仍活。

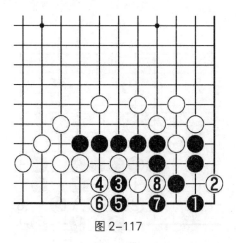

图 2-117

（图2-117）黑1直接做眼如何呢？白2点入必然，黑3、5再挤入立下后，则白6从这边打吃，黑7尖时，白可8位挤，黑两子接不归。由此可看出次序的重要性。

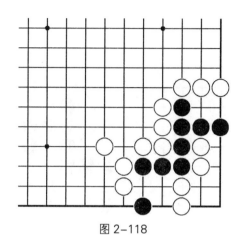

图 2-118

（图2-118）黑棋单纯地阻白渡过，能不能成立？特别要注意"花六"的死形。

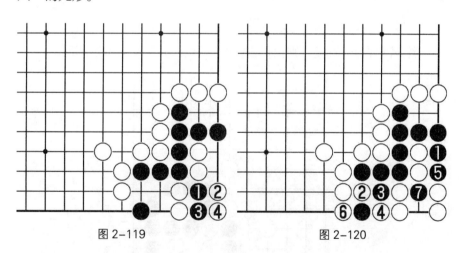

图 2-119　　　　　　　　　　　图 2-120

（图2-119）黑1断，严厉，白2打时，黑3多送一子是与黑1关连的妙手，故意让白4提二子。

（图2-120）接前图。黑1冲是好手，白2、4冲断时，黑5从后边打吃，令白棋相当难受。白6提，黑7提取两子后，白棋成接不归，黑棋可以无条件活。

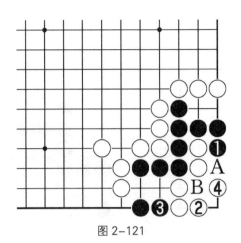

图 2-121

（图2-121）黑1单冲，则白2是急所，黑3阻渡时，白4先做出一眼，黑A位夺去白棋的另一个眼位，之后黑B提时，白棋可回提一子，这就形成了典型的"花六"死棋，黑失败。

黑1若单在3位阻渡，则白仍占据4位要点，其结果与本图相同。

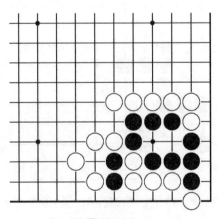

图 2-122

（图2-122）按照一般的规律，黑棋在一路上是做不出第二个眼的。然而，黑棋可以利用白棋的某些弱点，走出一步先手，然后即可做出一个眼。

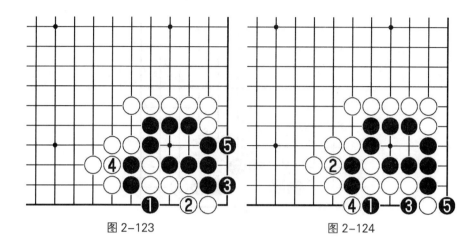

图 2-123　　　　　　　　　　　图 2-124

（图2-123）黑1扳，是试白应手的巧手。白2若接，则黑3立就成为先手了，白4补后，黑5可从容做活。

（图2-124）对黑1扳，白2若打，则黑3扑、黑5提，边上也做成一眼。

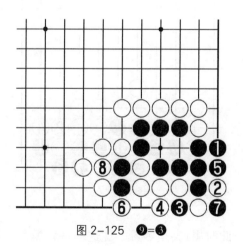

图 2-125　❾=❸

（图2-125）黑1如立，则白2板是强手，黑3以下至白8提，黑只得通过打劫在角上求眼，黑失败。黑1如在2位立，无疑是盲目之着，白1位扳，黑无法做活。

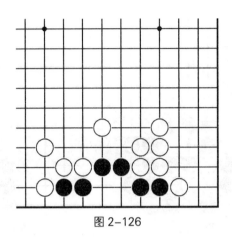

图 2-126

（图2-126）黑要想做活，采用一般手段绝对不行，必须考虑白角上的种种利用。

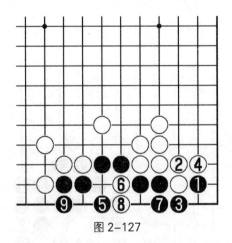

图 2-127

（图2-127）此时黑1夹是妙着，凭这一手，黑在危险万分的生死线上巧妙地活下来。

白若应以2位粘，黑3是先手渡过，以下至白6断时，黑7粘是好手，至黑9可做活。黑7的着法颇为精彩。

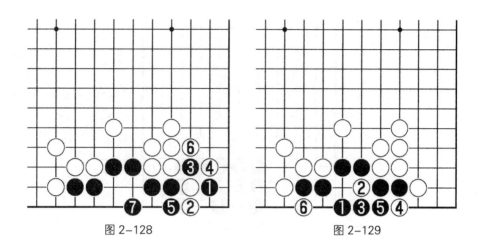

图 2-128   图 2-129

（图2-128）黑1夹时，白2位立，黑3先断好手，白4打，黑5先手打后再于7位即可做活。

（图2-129）黑先下1位，白2断占据急所，黑3打，白4扳打先手破眼后，再于6位扳，黑最终还是无法构成活形，黑失败。

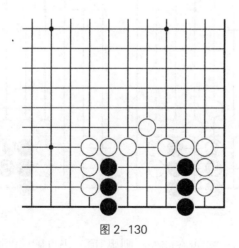

图 2-130

（图2-130）这个形状在实战中当然不可能出现。在这方寸之地，黑棋做活的要点在哪里呢？请注意左右同形这个特点。

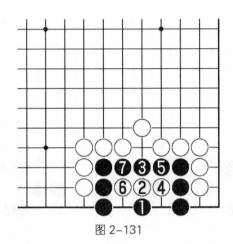

图 2-131

（图2-131）黑1于一路跳，实在出人意料。但这里确实是死活的必争要点，正如格言所说："左右同形走中央。"此后白棋便再也无法杀黑了。

白2如靠，则黑3夹。以下应接至黑7成必然，恰成双活。白2如走4位或6位，则黑于5位或7位冲，结果仍成为双活。

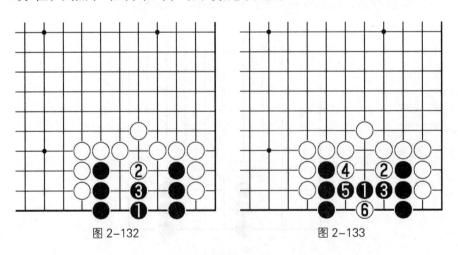

图 2-132   图 2-133

（图2-132）白2如走在此处，则黑3顶，仍可确保两眼成活。

（图2-133）黑1若在二路上防守，虽也是走在中央，但白2、4先手利后，再于6位点在急所上，黑棋根本无法做活，黑失败。

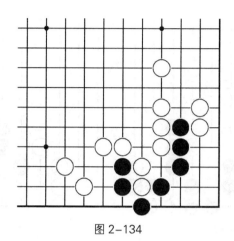

图 2-134

（图2-134）初学者在设法尽快做眼时，往往占不到要点以致失败。其实"二·1路"是角部死活的必争之点。正如格言所说："二·1路上往往出妙手。"

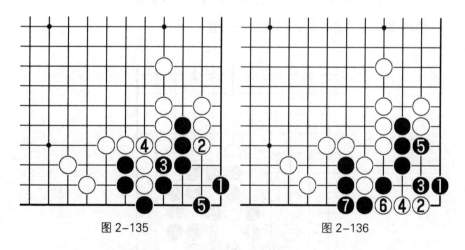

图 2-135　　　　　　　　　　　图 2-136

（图2-135）黑1即是"二·1路"的手筋，白2冲时，黑3先手打，然后再于5位尖，黑就完全活了。

（图2-136）对付黑1，白2直接点眼，则黑3压，白4长时，黑可脱先在5位做眼，至黑7很轻松地活了。

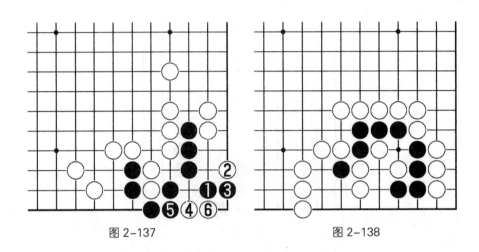

图 2-137   图 2-138

（图2-137）黑1尖是乏味的一手，白2飞后再4位点眼，黑5粘，白6长后，黑便无法做活，显然失败。

（图2-138）此题虽非惊人之作，但着法却也有趣。

黑棋如何走才能净活？切莫粗心大意。

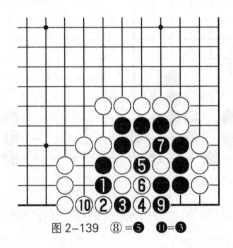

图 2-139   ⑧＝⑤   ⑪＝③

（图2-139）黑1长、白2扳均是必然之着，黑3于一路扑是本题至关重要的妙手。以下无论白棋如何变化，黑棋均可净活。

158

白4提，则黑5扑、黑7打是关联的好手，白8接，则黑9可吃白棋七子成接不归，至黑11提后，黑棋做活绝无问题。

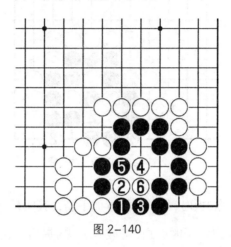

图 2-140

（图2-140）接前图。黑1提后，白2位打，黑3则走4位已净活，即使如图在3位接，以下至白6，白棋后手双活，黑棋更为有利。

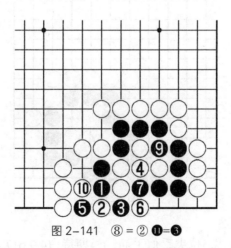

图 2-141　⑧=② ⑪=❸

（图2-141）黑3扑时，白4若接上，则黑5提，以下进行至黑11提，白若反提，黑4位做眼也必活无疑。

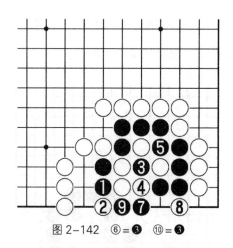

图 2-142　⑥＝❸　⑩＝❸

（图2-142）白2扳时，黑3位扑看似手筋，其实是一种错觉。

以下至黑7吃白六子时，白8可破眼，黑9提后，白10点，黑棋即成"梅花六"之大眼死形，黑失败。

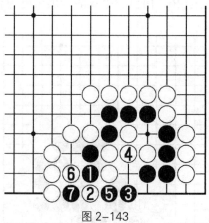

图 2-143

（图2-143）黑3位尖看似手筋，黑期待白4在6位打，则黑4位扑即可成净活。然而，这只是一种假象，因为白有在4位接的强手，黑5只得打，白可6位做劫，黑7提即成劫杀，黑不能算是正解。

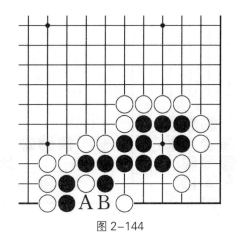

图 2-144

（图2-144）黑若走A位提，则白B打吃，黑必死无疑。

请注意自身气紧的不足，必须走出妙手才可做活。

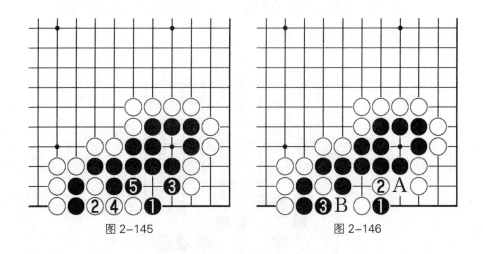

图 2-145　　　　　　　　　　图 2-146

（图2-145）黑1靠是做活的妙手。白若2位提，黑3做眼是好手，至黑5正好做出两眼而成活。

（图2-146）黑1靠时，白若2位打吃，则黑3单提即可做活。

黑3千万不能随手在A位冲，否则白B位可形成入气状态。

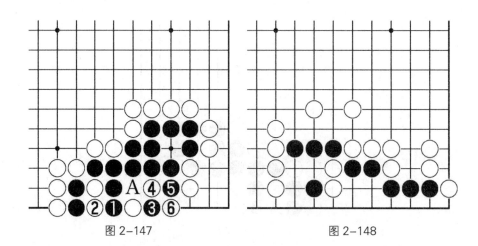

图 2-147   图 2-148

（图2-147）黑单走1位挡是错着，白2提必然，黑3、5靠冲时，白6
提后，由于黑外气太紧，A位不能入气而不活，黑失败。

（图2-148）看起来黑很容易做活，其实若随便而下将导致死棋。

第一手是决定死活的关键。

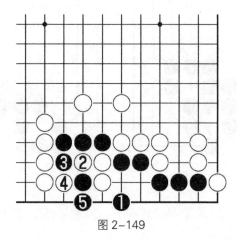

图 2-149

（图2-149）黑1跳是做活的要点，只此一手。

白2冲，黑3挡，白4断打时，则黑5立下后，白子被吃，黑成活。

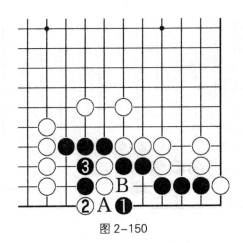

图 2-150

（图2-150）对黑1跳，白若2位扳，则黑3紧气是好手，白二子仍连不回去。

白2如走A位，则黑B粘，白也不行。

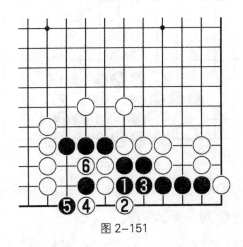

图 2-151

（图2-151）黑如随手在1位夹，则白2先打再4位扳是强手。

黑5只能打，则白6冲打即可逃出，这样黑被吃。黑5若在6位打，白则5位退，形成打二还一，黑也不行。

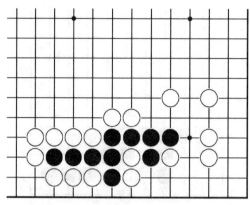

图 2-152

（图2-152）黑要想走成净活，必须把之后的所有变化算清，否则会前功尽弃。走成打劫，则黑失败。

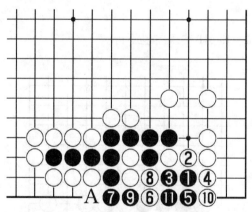

图 2-153

（图2-153）黑1点是成功的第一步，白2、黑3都是必然之着。接着黑5立下是扩大空间的唯一做活手段。

白6尖是强手，黑7立又是好手，千万不能在8位打吃，否则白7、黑11、白9、黑A提时，白于9位点，黑死。

白8断，以下至黑11提，双方都是必然的应接。白6如于7位渡，则黑于6位尖，白9接时，黑于A位扑，则白成接不归，黑简单成净活。

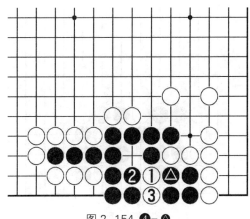

图 2-154 ❹=△

（图2-154）接前图。白1断打时，黑2是极其重要的做活手段。这样就形成"倒脱靴"之形。白3提，黑4断打后，黑无条件净活。

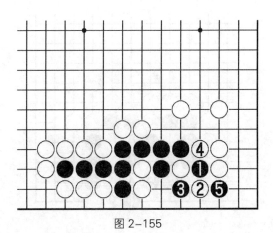

图 2-155

（图2-155）黑1挖打是错误的下法，白2、4可强行打吃，这样黑只能在5位断打形成劫争。本来可以净活，走成打劫肯定失败。

165

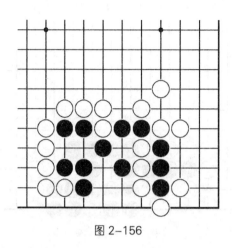

图 2-156

（图2-156）此形势不可轻视，黑若平凡地下，将难以成活。

找出妙手即可做活。

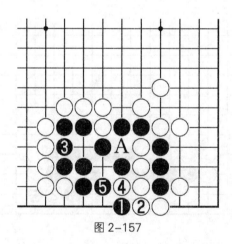

图 2-157

（图2-157）黑1先跳是做活的妙手。白2接，黑再3位做眼是绝好的次序。

白4冲时，黑5挡后，由于黑1和白2的交换，白A位已不能入气，黑巧妙成净活。

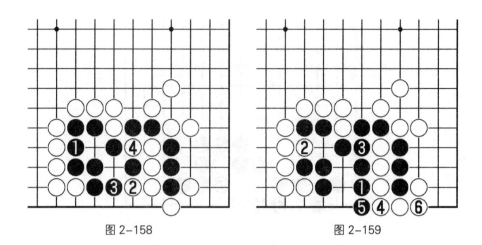

图 2-158　　　　　　　　　　　　图 2-159

（图2-158）黑1若单做眼是乏味的一手，被白2拐后，黑3再挡时，白可4位入气打吃，这样黑无条件被杀，显然失败。

（图2-159）黑1若单挡如何？白2破眼必然，黑3、5虽是先手打吃，但仍无济于事，黑还是无法做活。

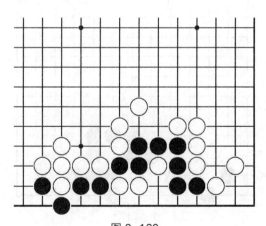

图 2-160

（图2-160）左边的黑棋与右边白棋对杀显然差一气，黑应充分利用这几个死子才有希望做活。

请注意行棋的次序。

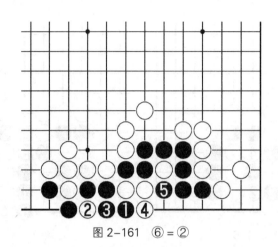

图 2-161　⑥ = ②

（图2-161）黑1扳是弃子的妙手，白2扑、黑3提均是必然之着。

白4打虽已吃住黑四子，但黑5提后已形成"倒脱靴"形状。白2如直接在4位打，则黑5提即可简单做活。

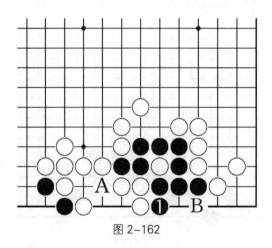

图 2-162

（图2-162）接前图。白虽把黑四子提掉，但黑1挡后，下一步黑A断吃白三子和B位做眼必能走到一处，黑成净活。

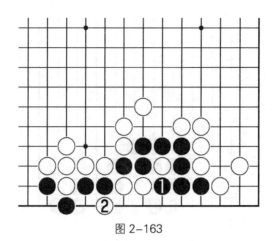

图 2-163

（图2-163）黑如看不出这里有"倒脱靴"的反击手段，而单于1位提一子是错误的下法。

被白2扳吃二子后，黑就没有活路了。这样走等于自取灭亡。

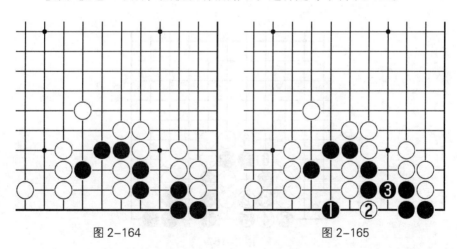

图 2-164   图 2-165

（图2-164）黑要想活棋，必须走出妙手才行，成为劫争则为失败。

请注意对方有顽强的抵抗手段。

（图2-165）黑1飞是此际的妙手，白2扳时，黑3接又是好手，至此黑巧妙做活。

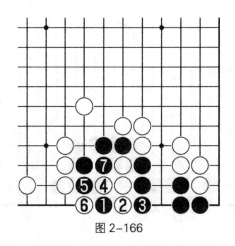

图 2-166

（图2-166）黑1飞时，白2如挡一手，黑3，白4以下企图连回，但至黑7打吃后，白四子成接不归。黑3走4位也是活棋。

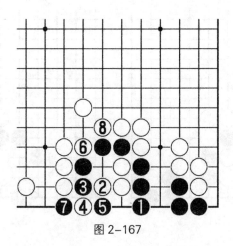

图 2-167

（图2-167）黑1立，看似一步手筋。其实白有2位曲的最强应手，黑3、5冲扑时，白可从外边6、8位打吃，这样黑二子成接不归被吃，黑失败。

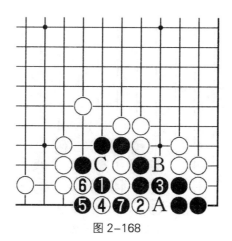

图 2-168

（图2-168）黑1位尖是俗手，白2扳是好手，黑3接必然，然后白再4位扳是强手，以下至黑7成劫争。黑3如走A位，则白B后黑死。

黑7如稍不留意，随手走C位打吃，则白7位连后，黑虽可A位提取白四子，但白再于7位点眼，黑无条件死。这点黑应特别注意。

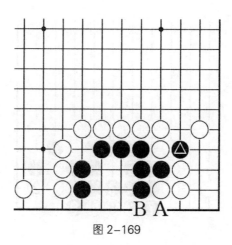

图 2-169

（图2-169）此时黑有妙手可活棋。黑棋不论是占A位扳，还是走B位立，如能以先手攻击，都是活棋。请充分利用黑●子的作用。

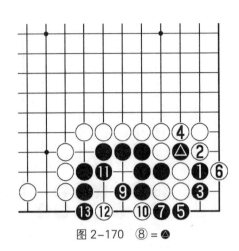

图 2-170 ⑧ = ▲

（图2-170）黑1扳是绝妙的手筋，这是充分利用死子的作用。

白2如断打，黑3贴又是好手，白4提是最强应手，黑5扳是关联的妙手，白6扳破眼，黑7先手打后，再于9位曲，以下至黑13成净活。白6如于7位挡，则黑10打变成先手，黑也是活棋。

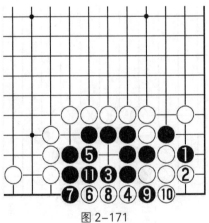

图 2-171

（图2-171）对黑1扳，白2拐，则黑3再曲，以下至黑11打吃，由于黑1的作用，白三子成接不归，黑仍是活棋。

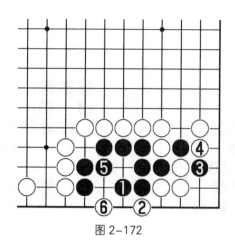

图 2-172

（图2-172）黑1单曲则是乏味的一手，被白2扳后，黑再3位板已来不及，白可4位断，以下至白6点，黑已无法做活，黑失败。

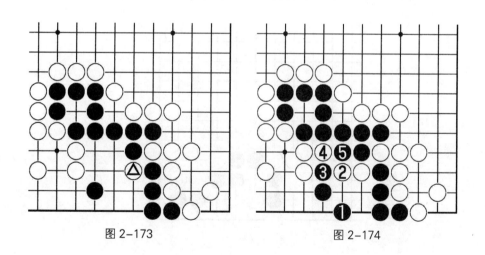

图 2-173   图 2-174

（图2-173）白△断后，黑如何应对才能活棋呢？第一手是关键。

（图2-174）黑1尖，是此际的最佳应手。如随手下其他点，都将以失败告终。白2如长出，则黑3、5冲断，由于白不入气，黑棋正好成活。

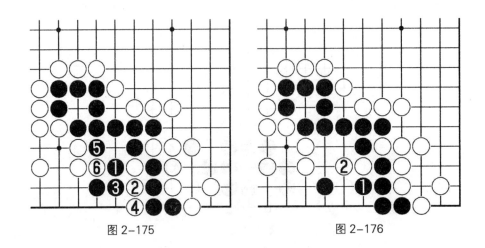

图 2-175　　　　　　　　　　　图 2-176

（图2-175）黑1位打吃是无谋的一手，白2长出后，黑大势已去。

以下至白6破眼，黑无条件被杀，显然失败。

（图2-176）黑1如在下边打，白2长出后，黑也不行。

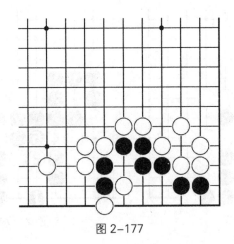

图 2-177

（图2-177）此时黑棋处境险恶。枝叶虽可舍弃，但根干必须保全。

如能发现妙手还是可以起死回生的，走成打劫则失败。

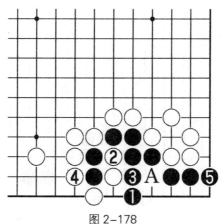

图 2-178

（图2-178）此形中白暗藏着借劫挑衅的手段，这一点黑必须看到。黑如想轻灵地避开劫争，走成无条件活，就只有抢占1位的急所，这也是活棋的妙手。

白2断时，黑3先手打后，再于5位立即可成活。白2如于3位冲，黑A位粘后，白两子已连不回去。

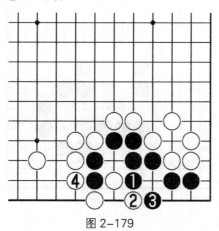

图 2-179

（图2-179）白想用非常手段攻击黑棋，黑如不慎重对待而贸然于1位挡，白必2位扳挑起纠纷。以下至白4成劫争，这样就恰恰为白所乘，黑失败。

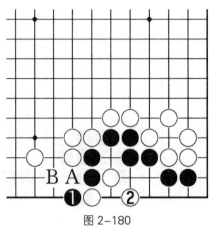

图 2-180

（图2-180）黑如改于1位打吃，白仍于2位尖顽强做动。白2的意图是下一步黑如A位接，白就于B位紧气，同黑抗争到底。不管怎么说，被白走成劫争，黑失败。

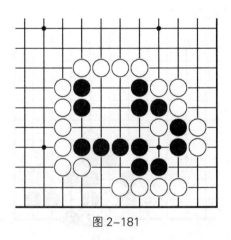

图 2-181

（图2-181）本题多少有些盲点，看起来怎样走黑都难以成活。请找出活棋的妙手。

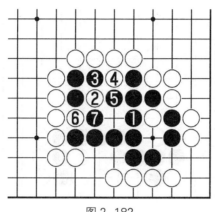

图 2-182

（图2-182）黑1单接是不被人注意的好手，也是活棋的唯一着法。

对白2靠，则黑3冲是妙手，白4打，黑5可通过弃三子而于7位做活。白4即使走6位，黑7断也一样活。

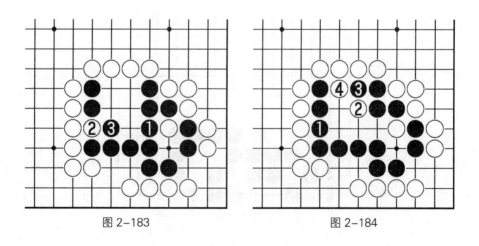

图 2-183　　　　　　　　图 2-184

（图2-183）对黑1接，白2如果冲一手，则黑3挡后，白仍无法破眼，黑也净活。

（图2-184）黑1在外边接一手，则白2靠，黑3冲时，白4位打吃后黑不活，这样黑失败。

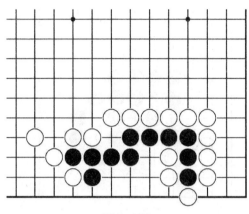

图2-185

（图2-185）黑棋已陷入困境，有无脱险的妙手？请找出两全其美的解救方法。

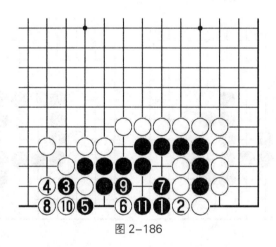

图2-186

（图2-186）黑1飞是手筋，白2粘必然，黑再3、5位吃白一子是正确的次序，这也是解救的唯一办法。

接下去白6点，黑7扩大眼位关键，白8立时，黑9是早已准备好的应法，至黑11做成两眼，黑终于安然脱险。

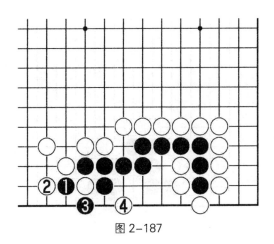

图 2-187

（图2-187）黑1、3先断吃一子，被白4大飞一手，黑立即溃灭。白4
恰好是破眼的要点，黑无法切断它同右方的联络。

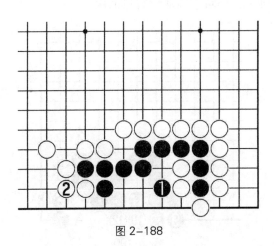

图 2-188

（图2-188）黑以1位尖来防止前图中白的大飞，被白2接一手，黑简
单被杀，明显失败。黑在这样狭隘的地域内是无法做出两眼的。

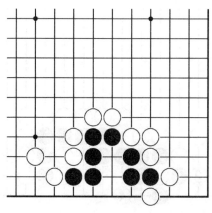

图 2-189

（图2-189）现在黑棋本身已难以做出两眼，欲想做活，只有在右下角白棋的断点上做文章。

黑有弃子妙手，但特别要注意行棋的次序。

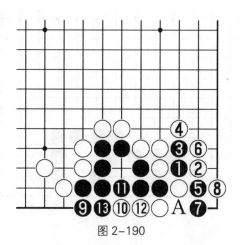

图 2-190

（图2-190）黑1、3断长是弃子的妙手。白如在2、4位征吃黑子，则黑5先手打吃后，再于7位立关键。为了防止被黑先手走到12位，白不敢在A位阻断而委屈地在8位紧气。黑9立，引诱白10来点眼，黑11以下又依赖黑5、7两子的作用，用接不归的手法吃掉白棋，黑就活了。

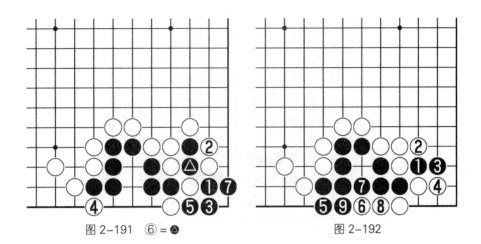

图 2-191　⑥ = ▲　　　　　　　图 2-192

（图2-191）黑3立时，白如走4位缩小黑棋的眼位，则被黑5先手打吃后，再占到7位，在右下角做出一个眼，黑也活了。

（图2-192）黑1断时，白2如从外边打吃，则黑3先手立后，再采用5位立的手法，仍可使白棋接不归。

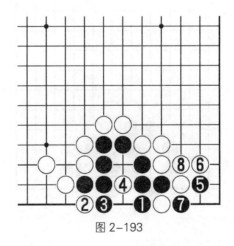

图 2-193

（图2-193）黑1挡是乏味的一手，企图直接做活，这是办不到的。被白2扳后，以下至白8止，黑棋只能成为"直三"死棋，黑失败。

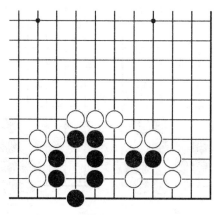

图 2-194

（图2-194）此题是一道颇为有名的死活题，很能锻炼思维，并对启发思路大有益处。

请仔细想一想，黑如何才能净活？熟悉此形者丝毫不难，但对不熟悉的人来说，却是相当难解的问题。走成劫争则失败。

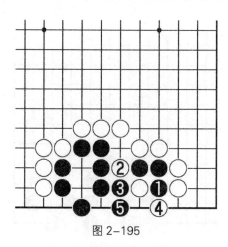

图 2-195

（图2-195）黑1冲是弃子妙手。

白2断吃，黑3断打成先手，然后再于5位立，黑就是通过舍弃三子才得以做活的。

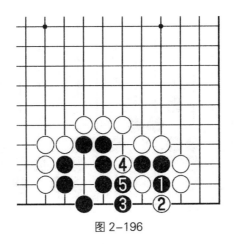

图 2-196

（图2-196）黑1冲时，白2打吃，黑3尖是好棋，迫使白不能于5位入子而只好于4位提，黑5团一手就活净了。

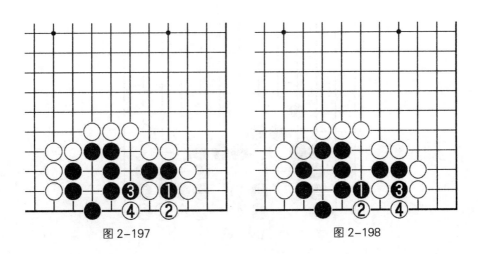

图 2-197　　　　　　　　　图 2-198

（图2-197）白2在一路打吃时，黑随手在3位打吃是大恶手，白4扳是强手，这样就形成了劫争，黑失败。

（图2-198）黑1位顶，被白2扳一手仍将走成劫争。接下去黑3、白4与前图结果一样，这正是按照白的预定行棋，黑大失败。

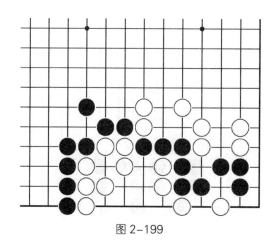

图 2-199

（图2-199）角上白棋点入后黑棋很危险，看似黑棋已经完了，其实黑棋还有救。

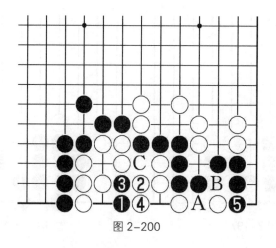

图 2-200

（图2-200）先在敌阵内着手，而后获得成功，这样的事常有。黑1点入是严厉的妙手，由此可以打开成功之路。

白如2位应，则黑3挤入又是巧手，白4打，则黑5挡后，白A位已无法渡过，黑B打成接不归。白4如在C位粘，则黑A位打成先手，仍可活。

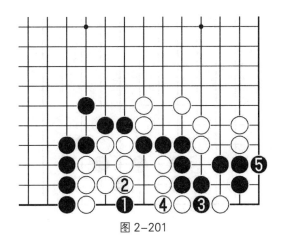

图 2-201

（图2-201）对黑1点，白如改在2位应，则黑3打吃成先手利，白4粘时，黑5立下，在角上漂亮地做出两眼而成净活。

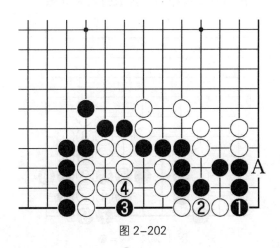

图 2-202

（图2-202）黑如1位直接挡是错着，则白2渡过，黑再3位点入时，白4团，黑棋无计可施。

黑1如在2位单打吃，则白A位扳后，黑棋仍做不出两眼。

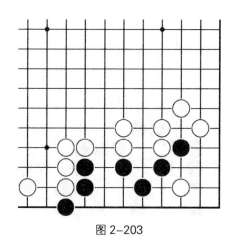

图 2-203

（图2-203）此形看似黑棋很容易做活，其实不然，黑如按正常着法行棋，必将遭受失败。

请想一下，黑棋有妙手可净活，走成打劫则失败。

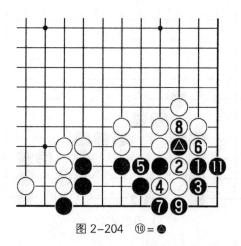

图 2-204　⑩ = △

（图2-204）黑1尖，是此形做成净活的唯一着法。

白2断必然，黑3贴挡后，白4、6只能吃一子连通，黑7以下先手滚打后，再于11位立下，巧妙地在角上做出一眼而成活。

白4如在6位单打，则黑9滚打，其结果大同小异。

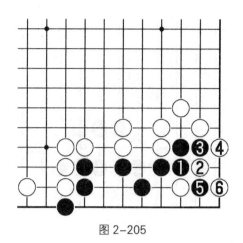

图 2-205

（图2-205）黑1粘，是一般人的第一感。

白2扳必然，黑3冲，白4挡，当黑5断打时，白6反打做劫是顽强的抵抗，这样成劫争，黑失败。

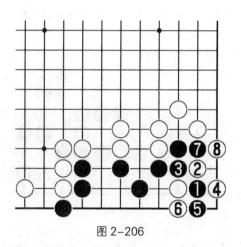

图 2-206

（图2-206）黑1如靠一手如何呢？白2仍扳出，黑3断时，白4打右边是正确的下法。当黑7冲打时，白8做劫是强手，形成打劫黑仍失败。

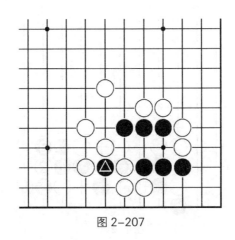

图 2-207

（图2-207）黑棋要想做活，必须想出妙手。

那么，黑棋的妙手在哪里？黑▲一子虽是死子，但在这里能起到奇兵的作用。

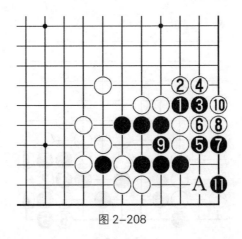

图 2-208

（图2-208）黑1、3断立，采用的是弃子方法。通过弃子，黑棋先手走到了黑5、7、9这三步棋，这对黑棋构筑眼形创造了有利的条件。其中黑7立是一步妙手。然后黑11跳是关键性的好手，如走A位虎，被白11位托，黑大势已去。

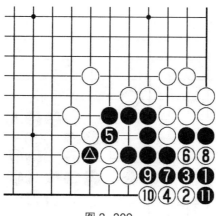

图 2-209

（图2-209）接前图。黑1跳后，为了防止黑棋在角中做成两眼，白在2、4位破眼。黑5断又是好手，以下白6、8只能破黑上边的眼位，但黑走到7、9位后，至黑11打吃，由于黑△子发挥了作用，白三子成接不归，黑活了。

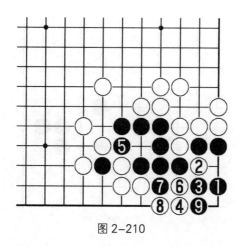

图 2-210

（图2-210）黑1跳时，白2如断打，黑可机敏地弃掉两个子，在3位反打吃。以下演变至黑9，白棋仍被吃成接不归，黑成净活。

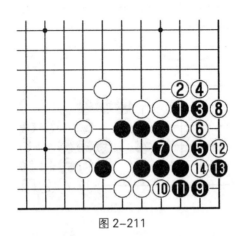

图 2-211

（图2-211）白4时，黑如随手在5、7连续打吃是典型的大俗手。由于没有最充分地利用弃子，以下进行至白14提，只能形成打劫活，黑失败。

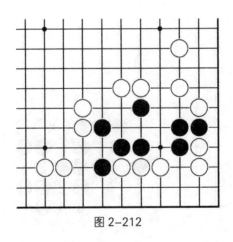

图 2-212

（图2-212）黑棋本身难以做活，只有在对白角的攻击中才能求得生存。

特别要注意行棋的次序。

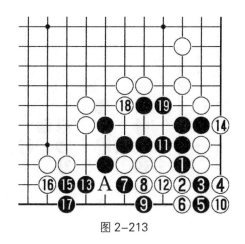

图 2-213

（图2-213）黑1、3冲断是成功的开始，对角上施行猛袭。白6打吃时，黑7、9连扳是强手，其中黑9是关键的妙手。此时白如在A位断打，则被黑在12位扑成双打，白崩溃。白无奈，只能在10位提，但被黑在11位先手打吃后，黑在中间已做成一个眼。然后在13位虎又是先手，以下至黑19止，黑巧妙地做出两眼成活棋。

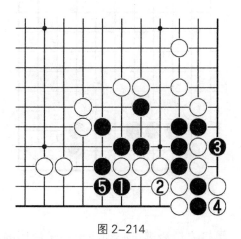

图 2-214

（图2-214）黑1扳时，白如在2位接，则被黑于3位先手打吃后，再于5位接，白棋也不活。这样，白棋显然不行。

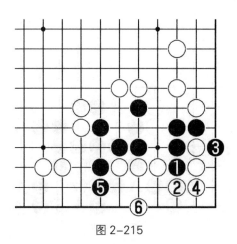

图 2-215

（图2-215）白2挡时，黑如于3位扳，则白4接后，黑5立，白6跳好手，白棋简单地活了。此后黑棋由于没有任何可借用的地方，很难做出两个眼来，黑失败。

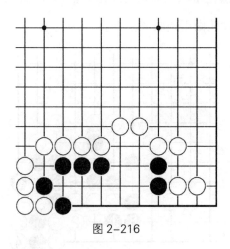

图 2-216

（图2-216）黑棋要想活棋，必须找出一子两用的好手。既守住眼形，又防止白打进来再渡过。

走成打劫活则失败，请注意形的要点。

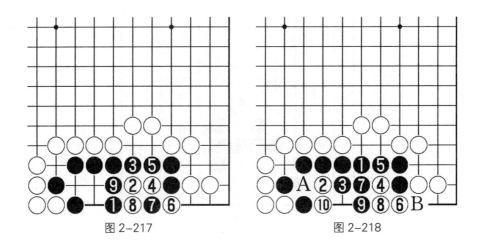

图 2-217　　　　　　　　　　图 2-218

（图2-217）黑1跳补是兼顾左右的好手，有此一着黑棋就有了眼形。白2破眼，黑3、5压必然，以下至黑9打吃，白成接不归。

（图2-218）黑1长扩大眼位，似乎也是好手。但是白2点是要点，然后再于4位夹渡，至黑9时，白10打是决定性的一击，以后A和B两点成见合，黑无条件死。

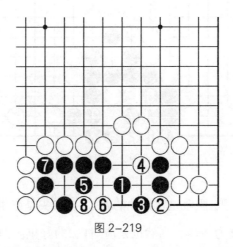

图 2-219

（图2-219）黑1尖虽是有弹性的一手，但白2扳后，再于4位破眼，以下至白8成打劫活，黑失败。

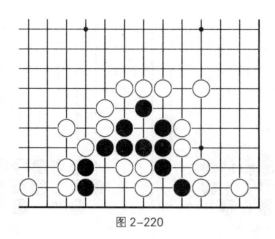

图 2-220

（图2-220）黑棋不能让边上三个白子逃出，否则无法做活。

注意白棋有好棋，但黑棋能下出比白棋更好的着法。

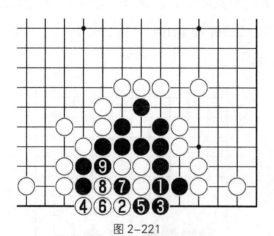

图 2-221

（图2-221）黑1阻渡是常识性的着手，白2尖是好棋，也是最强的应手。但黑3立下颇为冷静，当然也是应对白2的好棋。白4渡过时，黑5挤是好手，以下至黑9打吃，白三子成接不归，黑活。

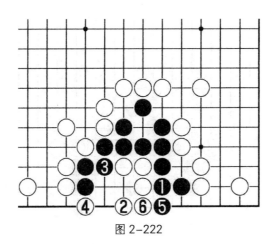

图 2-222

（图2-222）白2尖时，黑若3位接是错着，白4可以渡过，黑5再立时，白6团成立，黑棋再也没有手段可施展被吃，黑失败。

白2如走其他点，则黑很容易就能成活。

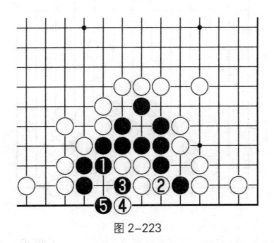

图 2-223

（图2-223）黑1接过于单调，则白2挤可以渡过，黑棋虽有3、5之劫争，但不能算正解。白2如单在4位尖，黑5位阻渡，其结果与本图一样。

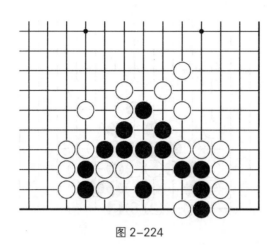

图 2-224

（图2-224）黑棋必须利用左边两个黑子。看来舍弃右边四个黑子在所难免。

黑棋的第一手很难，多少有些盲点。

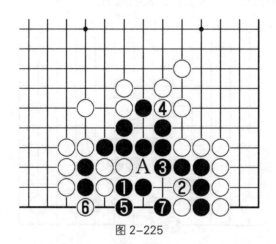

图 2-225

（图2-225）黑1是唯一能活棋的手筋，一般人很难注意到这一点，之后可有A位打和5位立的先手利。

白如2位打，黑3则粘，白4破眼时，黑5立是绝对先手，然后再于7位做眼，黑活得相当漂亮。白6如于7位曲，则黑6立下即可吃掉白三子。

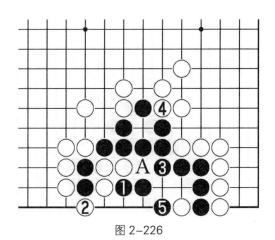

图 2-226

（图2-226）对黑1，白如2位提取二子铲除祸根，则黑3粘是好手，白4破眼，黑5尖，黑棋也可以活。

白2如直接在4位夺去中间的眼位，则黑A、白2、黑5也可以活出。

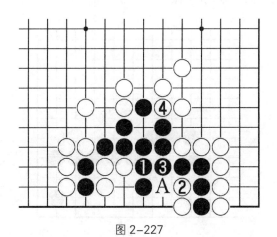

图 2-227

（图2-227）黑1接是普通的着手，被白2打吃后，黑1之子等于白走了一手棋，无法发挥作用。白棋先手争到4位破掉黑中间的眼位，黑棋在边上已做不出两眼。黑1如走A位，则白1先手冲后再4位破眼，黑也不能成活。

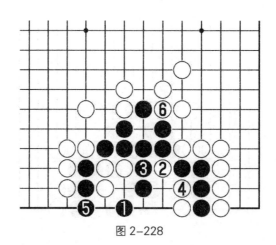

图 2-228

（图2-228）黑1尖，看似手筋，实际很松懈。

白2、4提取右边黑四子即可，黑5立下虽可以吃掉白三子，但由于吃掉白三子不能成活，被白6夺去上边眼位后，黑棋仍然被杀，黑失败。

黑1如在2位粘，则白6破眼后，黑仍不活。

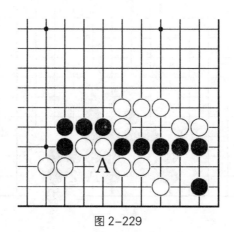

图 2-229

（图2-229）黑棋无法单独做活，只有冲击白棋形态之薄味，才有希望。

黑棋的第一手是A位断打，关键是第二手。

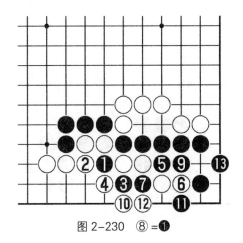

图 2-230　⑧ =❶

（图2-230）黑1断、白2粘均是必然之着，黑3扳是绝妙的一手，令人拍案叫绝。

白4如提一子，黑5挤好手，白6顶时，黑7断打是先手利，然后再于9、11位获得先手，争到13位做眼即可活出。

白4如于6位顶，则黑7位打吃，结果与本图一样。

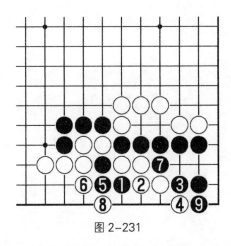

图 2-231

（图2-231）黑1扳时，白2团，则黑3顶，白4扳，黑5先多送一子是好手，这样可换来7位的先手利，然后再于9位挡即可成活。

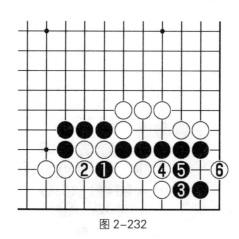

图 2-232

（图2-232）黑1断后如单于3位顶则错误，白4先团一手后，再于6位点，黑棋已无法成活，黑1之子的作用根本没得到发挥。

黑3如在4位团，则白3位顶，黑也不行。

第三章

打劫的妙手

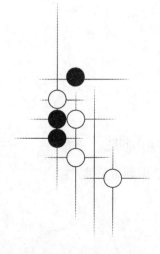

　　围棋若没有打劫，则会变得非常乏味。然而，很多初学者认为打劫很麻烦，也很讨厌，正如人们常说的"臭棋怕打劫"，但下棋中出现打劫又是避免不了的事实。我想请大家通过多做死活题来习惯各种各样的劫，并喜欢打劫。要特别注意：角地是打劫的宝库。

　　本章讲解的死活题正解都是打劫，如果走成无条件死或让对方无条件活，就算失败了。

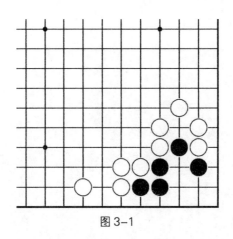

图 3-1

　　（图3-1）这是在实战中时常出现的棋形，是很好的应用问题。

　　棋子虽少，但变化却很复杂。黑棋第一手的着点很多，但颇为关键。

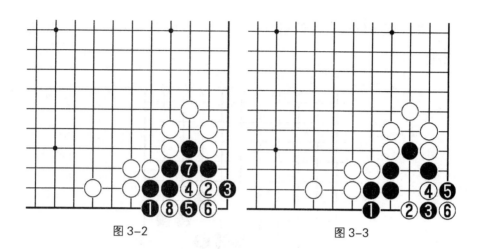

图 3-2　　　　　　　　　　　　图 3-3

（图3-2）黑1位立是最佳的选点。

白2夹最为有力，黑3扳时，白4顶，以下至白8形成劫争。黑5也可单在7位粘，那样也是打劫活。

（图3-3）黑1立时，白棋也有2位点的着法，黑也只好在3位靠，以下至白6仍是打劫活。

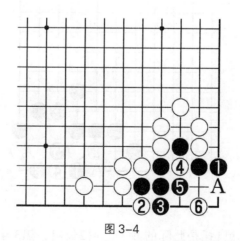

图 3-4

（图3-4）黑如1位立右边，则白2、4缩小黑阵空间是正确的，黑5提时，白6点入后，黑死。

黑1如走6位跳，看似相当有力，但被白A位点入是急所，黑仍死棋。

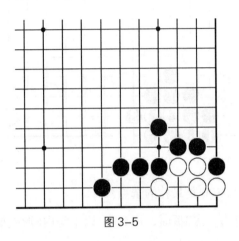

图3-5

（图3-5）这虽是单纯的棋形，但变化却相当复杂。第一手很关键。

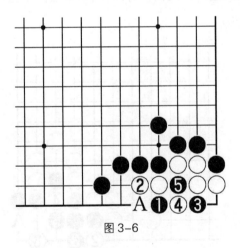

图3-6

（图3-6）黑1托是此际的妙手。白2长出，黑3再托是相关联的好手，白4只能扑劫，黑5提后成劫争。

白2如走4位打，黑A位长后，白无条件死。

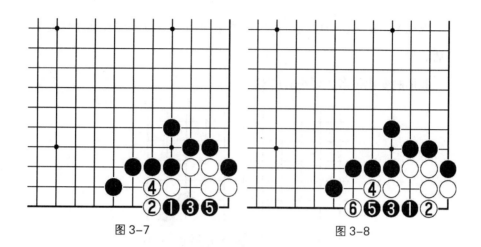

图 3-7　　　　　　　　　　　　图 3-8

（图3-7）对黑1托，白2打吃，则黑3长是好手，白4粘时，黑5再长成直三棋形，白无条件成死棋。

（图3-8）黑1如直接点眼是错误的下法，白2挡角必然，黑3爬时，白4多长一手是好棋，以下至白6打吃，白成净活，黑失败。

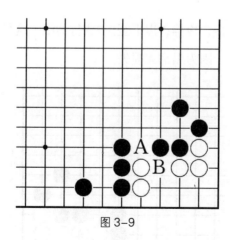

图 3-9

（图3-9）这是实战中经常出现的变化。正常情况下，白应A位冲一手后，再于B位粘，这样成净活。

现在A位虽空着一口气，但白也不是净活。黑应采取什么手法走成打劫活呢？

此形的变化很多，要小心应对。

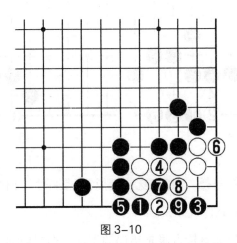

图 3-10

（图3-10）黑1扳之后再于3位点入是攻击的手筋，也是此时的最佳下法。

白4粘时，黑5接，冷静，以下至黑9成打劫活。这虽是白宽一气劫，但仍是白不利的劫，因为黑毫无损失。

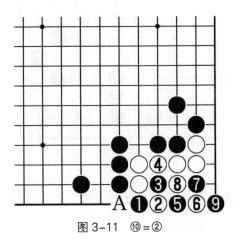

图 3-11　⑩＝②

（图3-11）白2挡时，黑3、5提吃白一子，白6靠是强手，以下至白10提虽也是劫争，但如被白A提后，其结果黑明显不如前图好。

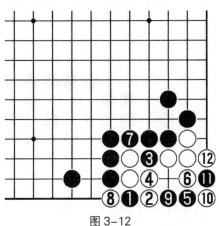

图 3-12

（图3-12）对白2挡，黑如3冲后再5位点如何？

白6顶是好手，黑7粘时，白可8位提，黑9长，白10扑是妙手，以下至白12打吃，由于白有外气而成净活，黑失败。

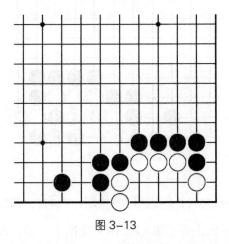

图 3-13

（图3-13）黑棋如随手而下，白将简单活棋。黑棋必须利用角上的特殊性才能成功。

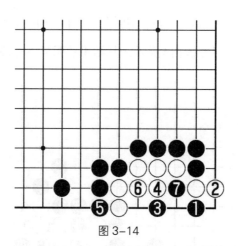

图3-14

（图3-14）黑1夹是攻击的急所，白2立时，黑3跳也是急所，白4只能如此，黑5取得先手后再于7位扑，成为打劫活。

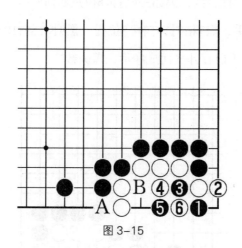

图3-15

（图3-15）白2立时，黑也可在3位断，白4打，黑5做劫，白6提后成打劫活。与前图相比，等于黑A和白B先交换了一手，即使黑劫输了，黑A亦便宜了一手棋。

白2如于6位打，则黑2位打，这样仍是打劫活。

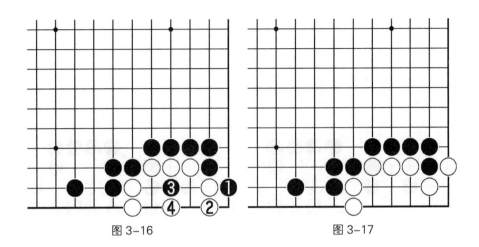

图 3-16   图 3-17

（图3-16）黑如1位扳是愚手，白2立下，成为真正的"板六"型。之后黑3白4，白棋成净活，黑失败。

（图3-17）白棋右边多了一手扳，看上去好像不会死，但白棋形态仍有缺陷，黑先可以走成劫争。

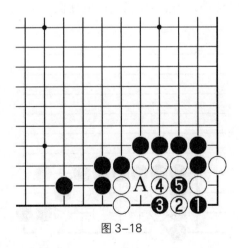

图 3-18

（图3-18）黑1夹是妙手，白2打时，黑3反打好手，白4只好做劫，如在5位接，则黑A位断，白不行。

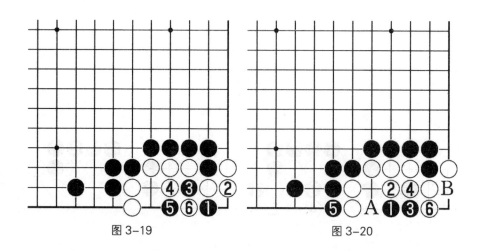

图3-19   图3-20

（图3-19）对黑1夹，白2位粘，则黑3、5后仍成打劫活。

白2如于3位接，则黑在2位扑后，仍是打劫活。

（图3-20）黑1点看似手筋，但被白2顶后，黑3长时，白4粘上边是好棋，黑5，白6打吃后，A和B两点成见合，白无条件净活，黑失败。

白4如随手在6位挡，则黑A位长，白成死棋。

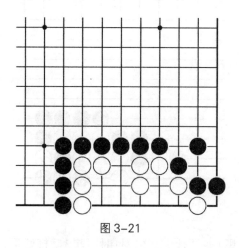

图3-21

（图3-21）乍一看白似已成净活，但黑有妙手可使白棋成打劫活。

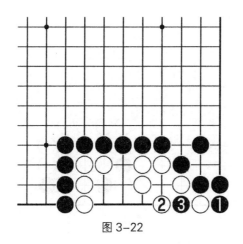

图 3-22

（图3-22）黑1极其单纯地从外侧攻击是妙手，此手往往不被人注意。

白2只能做劫，黑3提后成打劫活。

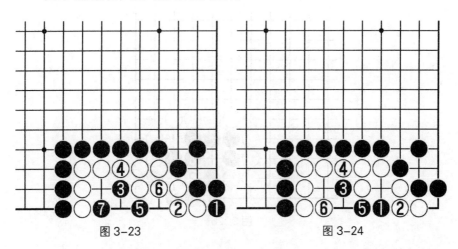

图 3-23　　　　　　　　　图 3-24

（图3-23）黑1打时，白如2位粘，则黑3、5是好手，以下至黑7走成"刀把五"棋形，白成净死，明显失败。

（图3-24）黑1如直接点眼如何？白2粘必然，黑3、5靠长时，白有6位曲的巧手。至此形成"曲四"形状，白无条件净活，黑失败。

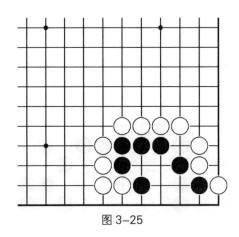

图 3-25

（图3-25）狭窄的范围，黑棋想走成净活已不可能。

请考虑走成打劫活的最佳手段。

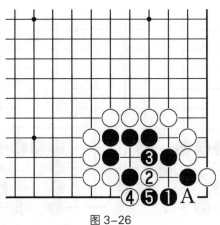

图 3-26

（图3-26）黑1位虎，是本形的正解。白2夹，黑3必然，至黑5成劫争。白2如在A位补，同样是劫。

黑1如在2位并，白A位打，黑1位虽也是劫争，但白即使脱先仍是打劫，等于黑变成两手劫，显然不如本图下法。

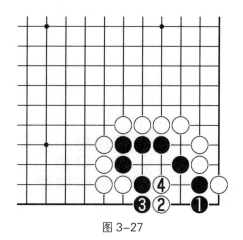

图 3-27

（图3-27）黑1立，是最大限度扩大眼位之着，看似好棋，但白有2位点的手筋，黑3只此一手，白4长后，黑成净死。白2不能在4位夹，否则黑2位扳即成活。

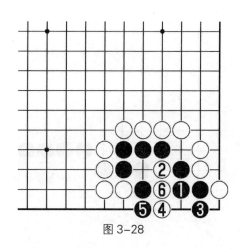

图 3-28

（图3-28）黑如1位粘又如何？白2点是急所，黑3即使扩大眼位，以下至白6粘，黑无条件死，显然失败。

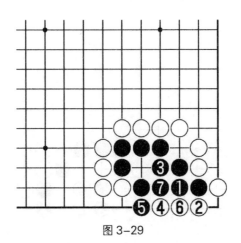

图 3-29

（图3-29）黑1粘时，白如2位扳缩小眼位是一般原则。但黑利用角部特点于3位团是好手，白4、6破眼后，黑于7位打，白三子已成接不归，这样黑成无条件净活，白失败。

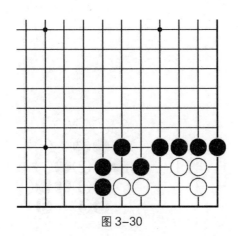

图 3-30

（图3-30）问题看似简单，其实不然。

白棋有强烈的抵抗手段，不会被黑棋无条件吃掉。请考虑对方的最强应手。

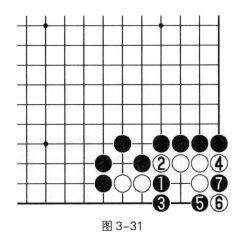

图 3-31

（图3-31）黑棋1、3扳立，是此际的最佳下法。

白4挡角是最强的应手，黑5也只能托，白6扑，黑7提后成劫争。这是双方的正确应手。

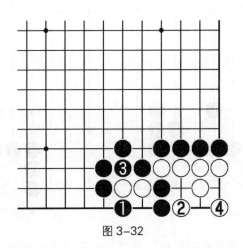

图 3-32

（图3-32）前图黑5如于本图1位扳，虽可吃掉白左边两子，但因白2是先手利，然后再于4位即可做活，黑失败。

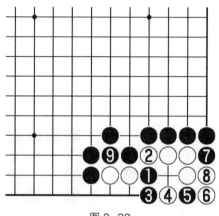

图 3-33

（图3-33）黑1、3时，白4尖是失着，黑有5位扑的妙手，白6以下至黑9，由于白棋两边不能入气而被吃"金鸡独立"，白失败。这也是本题的重要变化。

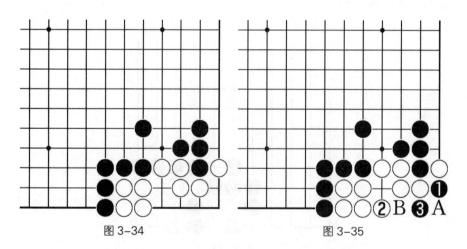

图 3-34　　　　　　　　图 3-35

（图3-34）此题看似简单，其实用心良苦。注意有"倒脱靴"的手筋，请找出正解。

（图3-35）黑1扑，是正确的下法。白2只能如此，黑3做成打劫是正解。白2如随手在A位提，则黑B位托，白则变成一眼而被杀。

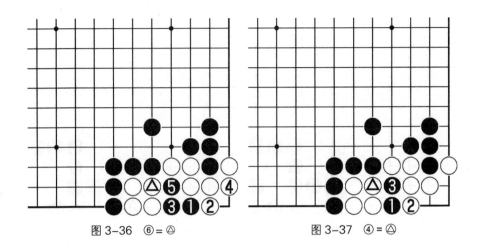

图 3-36 ⑥=△   图 3-37 ④=△

（图3-36）黑1如单托看起来像急所，但白2、4后就产生了"倒脱靴"的手筋。至黑5提，白可于6位断打吃住黑三子成活棋，黑失败。

（图3-37）黑1如直接打吃如何？白仍可走2位反打，黑3提后，白4位断打还是"倒脱靴"，黑失败。

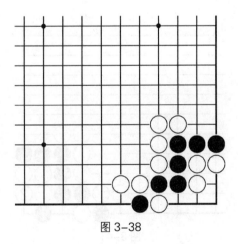

图 3-38

（图3-38）这是"弯三"死棋吧？也许有人说这也太简单了。

其实不然，角部是神奇的地方。

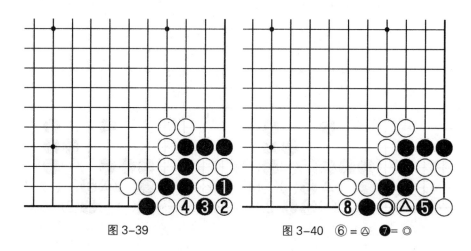

图 3-39

图 3-40 ⑥ = △ ❼ = ◎

（图3-39）黑1、3连扑是避免形成"弯三"的绝好妙手，只有这样才能解决问题。

白2、4提都是必然之着。

（图3-40）接前图。黑5提是打二还一，白6、黑7均是必然的着法，至此形成劫争。

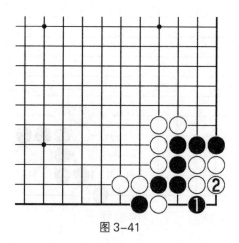

图 3-41

（图3-41）黑如随手在1位打吃，则白2团即成"方四"死棋，黑失败。

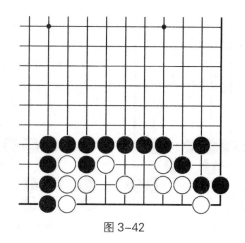

图 3-42

（图3-42）走出妙手可形成打劫，若对方拒绝打劫，则可无条件杀白。
请注意，有"倒脱靴"的手段。

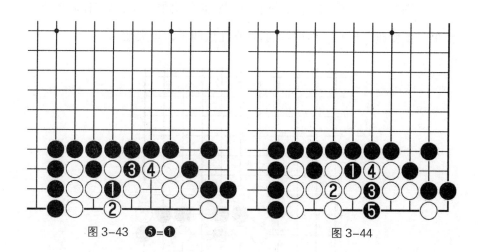

图 3-43 ❺=❶   图 3-44

（图3-43）黑1扑是妙手，白2提必然，黑3打吃时，白4团没办法，
黑5提后成打劫活。

（图3-44）黑1打吃时，白2如于本图粘，黑3挖是好手，白4打，黑5
立后，白两边不能入气而被吃，白失败。

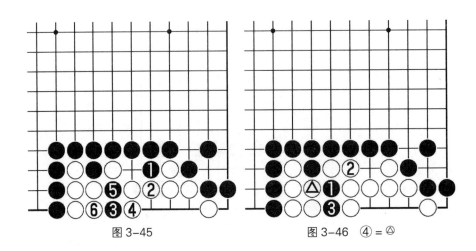

图 3-45　　　　　　　　　　图 3-46　④ = △

（图3-45）黑1位冲后再于3位点眼如何？白4挡是好手，黑5扑，白6提必然。

（图3-46）接前图。黑1扑时，白2粘是关键的一手，黑3提后形成典型的"倒脱靴"形状，白可4位断打吃住黑两子，黑失败。

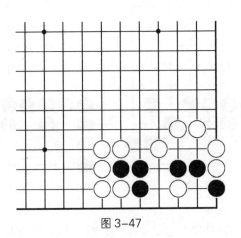

图 3-47

（图3-47）黑棋的姿态，已无法做成净活。能够做成劫活，是较为理想的结果。

请找出劫活的妙手。

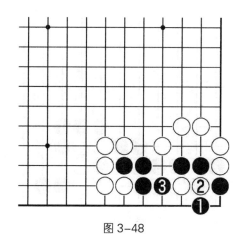

图 3-48

（图3-48）棋谚说："二·1路上经常有妙手。"黑1尖就是此形的妙手，白2断只能如此，黑3打后形成打劫活。

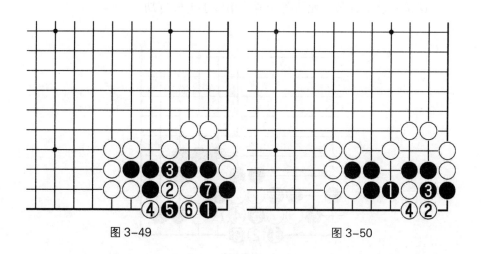

图 3-49   图 3-50

（图3-49）对黑1尖，白2、4图谋渡过是坏棋，黑5扑好手，至黑7吃白三子接不归而成活，白失败。

（图3-50）黑走1位顶是乏味的一手，被白2走在急所上，黑3打，白4粘后，黑棋就这样死了，显然是失败的下法。

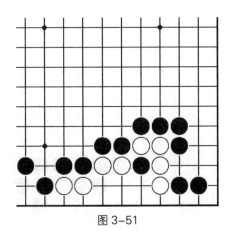

图 3-51

（图3-51）在这样的局面中，恐怕任何平凡的手段都不会产生作用，需充分发挥想象力才行。

这是一道很有名的死活题，请运用妙手走成打劫。

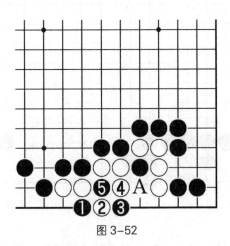

图 3-52

（图3-52）近似于异想天开的黑1托是妙手，白2打吃，黑3反打是好手，白4只好做劫，黑5提，白大块棋成劫活。白4若在5位粘，则黑A长，白成无条件死。

222

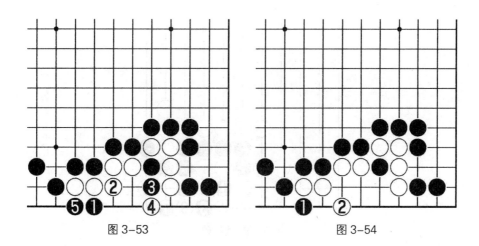

图 3-53   图 3-54

（图3-53）对黑1托，白2位接，则黑3长出后再5位退回，白同样无法活棋。

（图3-54）黑1是无谋的一手，被白2虎后，黑无计可施，白成净活。黑棋这样的手法过于平庸。

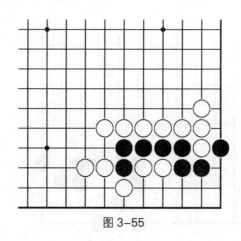

图 3-55

（图3-55）黑在狭小的空间里当然没有净活，但有没有具有回天之力的着手呢？

请利用角上的特殊性。

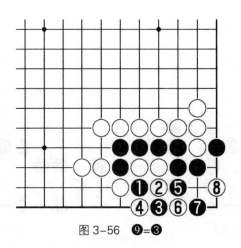

图 3-56　❾=❸

（图3-56）黑1断，只此一手，白2时，黑3一路反打是绝妙的一手，只有这样才能成功。

白4若提，黑5打吃，当白8点眼时，黑9提成劫争。由此可以看出，黑1、3、5是具有回天之力的妙手。

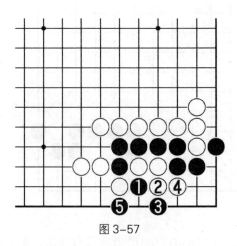

图 3-57

（图3-57）当黑3反打时，白4位拐出，黑5打后，同样是打劫。

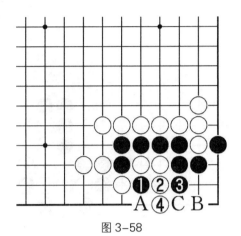

图 3-58

（图3-58）白2时，黑随手在3位打吃是大恶手，白4立下是好棋，至此黑无法成劫。白4不能在A位提，否则黑B位虎仍成打劫。

黑1若在2位扳后C位虎，则白简单点眼即可杀黑。

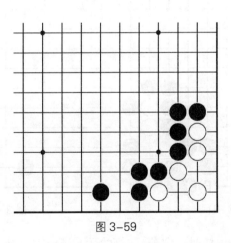

图 3-59

（图3-59）这种形状几乎到处可见。当白进角打入时，经常会构成这种形状。

请抓住白棋形状的薄弱环节。

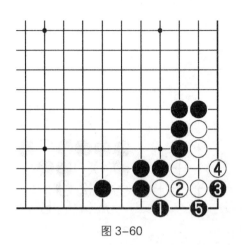

图 3-60

（图3-60）黑1和白2的交换是理所当然的，黑3抢占"二·1路"的急所是常用的手筋，黑显得轻巧。

白4打，黑5扳后成打劫。

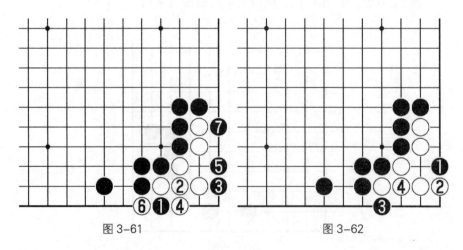

图 3-61   图 3-62

（图3-61）黑3托时，白若4位打的话，黑5长，白6如果提，黑7扳后已渡回，白无条件被杀，白失败。

（图3-62）黑1点看起来像手筋，但白2挡，黑3打，白4粘后就活了，黑失败。归根到底是白2占据了"二·1路"的急所。

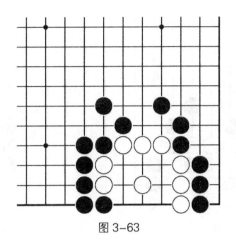

图 3-63

（图3-63）若一步步地缩小白空，白棋还是有足够的眼位的，但如能按绝妙的次序进行，有打劫的手筋。

次序是成功的关键。

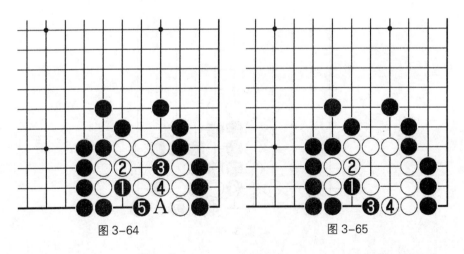

图 3-64　　　　　　　　　　　图 3-65

（图3-64）黑1和白2先交换一手是绝好的次序，然后再3位断是巧手，白4只能如此，黑5扳后，由于白棋不能在A位打吃，成为劫杀。

（图3-65）黑若直接走1、3是平庸的着法，经白4打后，不会发生任何变化，黑失败。

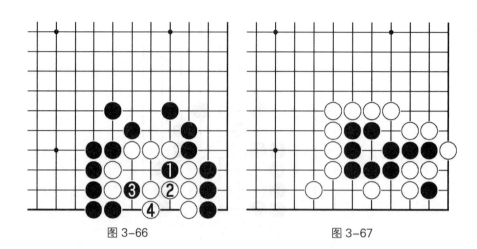

图 3-66　　　　　　　　　　　　　图 3-67

（图3-66）黑棋如先走1位断如何？白2打必然，黑再3拉挖时，白4立弃掉二子就活了。黑3如走4位托，白就在3位接仍可活。

（图3-67）现黑有四面楚歌之感，唯有黑角上的一子是救星。

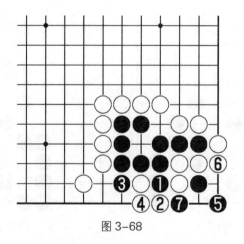

图 3-68

（图3-68）黑1冲只此一手，对此白2挡是最强应手，黑3打吃之后是问题的关键。

　　黑5尖是妙手，也是出奇制胜的一手，至黑7扑后成打劫。6位和7位的断点为见合。

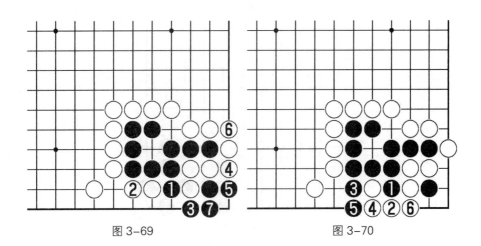

图 3-69   图 3-70

（图3-69）对黑1冲，白2位退，则黑3、5先手利后，再于7位做眼即成净活，白失败。

（图3-70）白4粘时，黑5若随手打吃是大俗手，让白6接后，黑无计可施，黑失败。

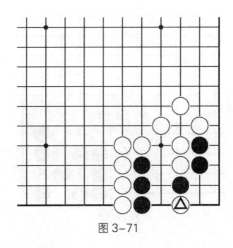

图 3-71

（图3-71）遭到白棋△子攻击，看来黑棋已奄奄一息，但还是有棋可走。

如能走成劫活，将是很大的成功。

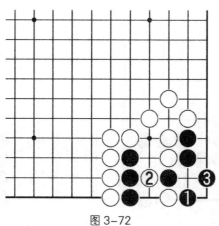

图 3-72

（图3-72）黑1打吃是必然之着，走其他点都将是失败的。

白2打吃时，黑3做劫是最顽强的抵抗，也是很难想到的手法。至此黑成打劫活。

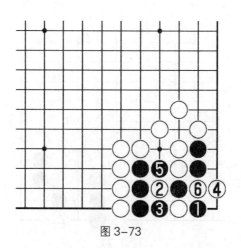

图 3-73

（图3-73）白2打吃时，黑棋在3位提，白4点是好棋，黑5提一子，则白6断后成"金鸡独立"形，黑全体被吃，显然失败。

白2如走4位点，则黑6位粘后就活了。

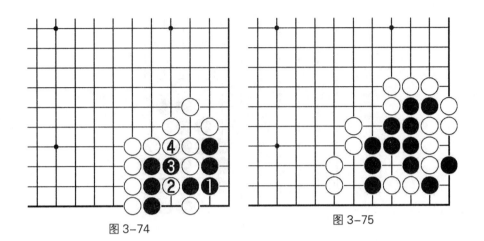

图 3-74   图 3-75

（图3-74）黑1粘太乏味，这样什么变化都没有了。

以下至白4为止，白做成倒扑杀黑，黑大失败。

（图3-75）也许很多人都会这么想："无论怎样，黑都能成'曲四'活。"但手筋的有趣之处恰恰在于不同于人们通常所想的。

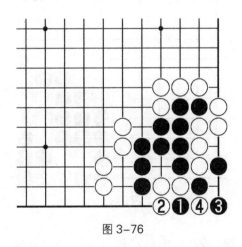

图 3-76

（图3-76）黑1扳，白2挡必然，然后黑3造劫是正解。白4提后，形成打劫活。

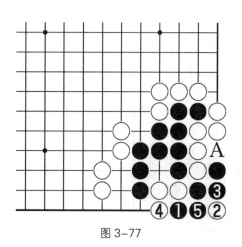

图 3-77

（图3-77）对黑1扳，白2若先点一手如何？

黑3接正确，白4再打吃时，黑5粘上后，由于白A位不入气，黑无条件成净活，白失败。

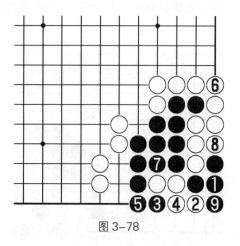

图 3-78

（图3-78）黑1若在角上粘，则白2扳，黑3当然，于是白4先打一手，然后再于6位接回是好手。以下至黑9提去白四子。黑此时欢呼胜利还为时过早。白2于3位立，也可净杀黑棋。

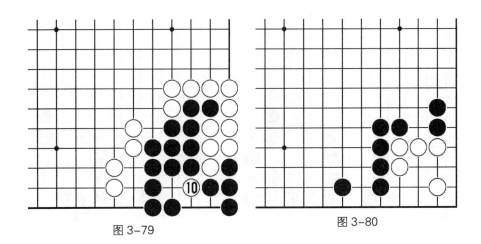

图 3-79   图 3-80

（图3-79）接前图。前图提去白四子就拍手称快显然是早了一点。

白10断，是所谓的"倒脱靴"手筋，黑显然失败。

（图3-80）这是"金柜角"的变形。由于白外边松一口气，黑想净吃不可能，走成打劫就算成功。

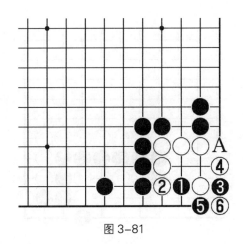

图 3-81

（图3-81）黑只有从1位靠，白2冲时，黑3夹是妙手。为了防止黑在A位渡过，白4是不得已，黑5打，白6提后成打劫活。

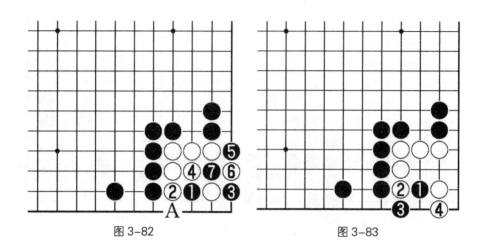

图 3-82　　　　　　　　　　　图 3-83

（图8-82）黑3夹时，白走4位，黑5扳渡，白6只能扑，黑7提后仍是打劫。

白4不能走7位接，否则黑A位渡过，白净死。

（图3-83）白2冲时，黑3渡过，白有在4位立的好手，白棋无条件活了，黑失败。

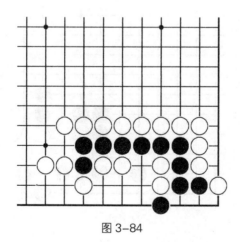

图 3-84

（图3-84）单纯吃白两子将无法成立，怎样使白棋撞紧气呢？

这里黑棋有一个逃出困境的机会。

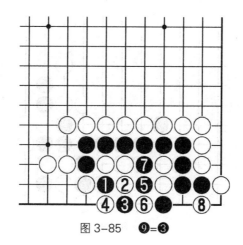

图 3-85　❾=❸

（图3-85）吃掉白两子也活不了，剩下只有黑1断。白2拐打时，黑3扳是妙手，促使白棋撞紧气。白4提，黑5打也是好手，以下至白8成必然，黑9提后成打劫活。

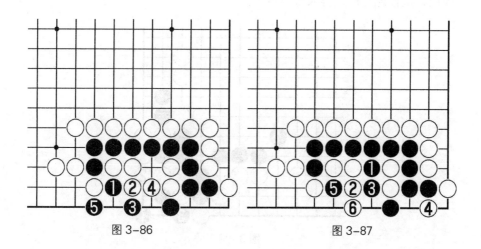

图 3-86　　　　　　　　　　　　图 3-87

（图3-86）黑3扳时，白如4位粘，黑5是常用手法，仍然还是打劫。

（图3-87）黑1位冲是大恶手，白2立必然，黑3提，白4扳破眼。当黑5扑入时，白6不提而立一手是好棋，黑成净死，显然失败。

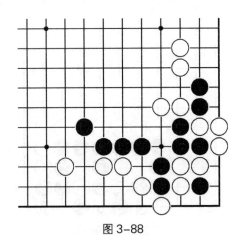

图 3-88

（图3-88）白空里面是有手段的，虽然问题比较简单，但仍应认真考虑一下。

围棋十诀中有"入界宜缓"这么一条，所谓"界"就是模样之类的地域，这种地方被人打入可不得了。

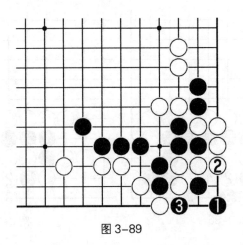

图 3-89

（图3-89）黑1尖角是妙手，乍一看似乎太温和了，其实此着相当冷静。

白2如接右边，黑3扑后成打劫。

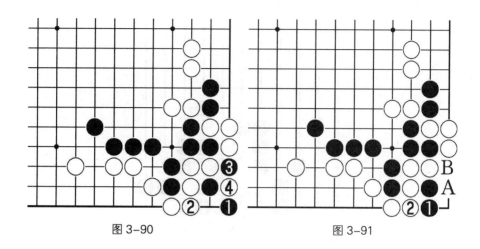

图 3-90   图 3-91

（图3-90）对黑1尖，白2如接下边，黑3扑后仍是打劫。

（图3-91）棋谚说："'二·1'路经常出妙手。"那黑就下在1位试试，结果白2粘后黑死。黑在A位立，白B粘同样。由此可见，棋谚也得看具体情况再灵活运用。

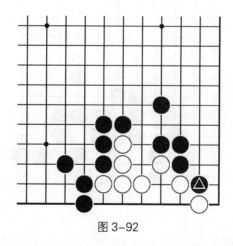

图 3-92

（图3-92）此形很容易在实战中出现。看来白棋眼形丰富，黑棋⬤子还要注意防守。

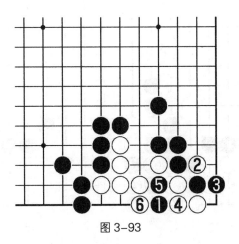

图 3-93

（图3-93）黑1点是锐利的妙手，同时牵制了白棋的多处眼位。白2打，黑3立是紧要之着。白4接时，黑5扑又是破眼位的妙手，白6只能提掉。

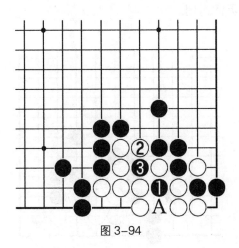

图 3-94

（图3-94）接前图。黑1扑是关联的好手，白2做劫是正确的应手，黑3提后成劫杀。白2如随手在A位提，则黑于2位顶，白棋反而被净杀。

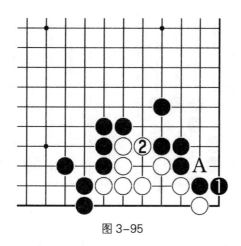

图 3-95

（图3-95）黑1如立下是无谋之着，白2做眼就简单地成活了。黑1如走2位破眼，则白A位断吃也可活。如此下法黑棋显然失败。

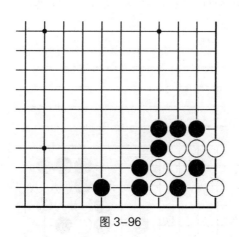

图 3-96

（图3-96）图形虽小，变化却不简单。

黑棋易随手，自以为很容易把白吃掉，其实白棋的韧性很强。

请找出双方的急所，走成打劫就算成功。

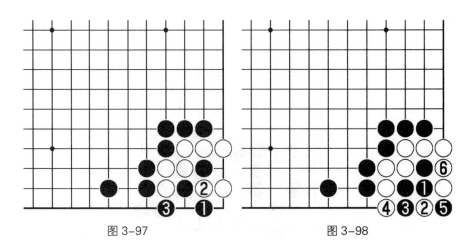

图3-97   图3-98

（图3-97）黑1尖是双方必争的急所，白棋只好2位断打，黑3做成劫争是正解。

白2如在3位立，则黑3接后，角上成为"刀把五"的死棋。

（图3-98）黑如1位粘，白2扳是要点，黑3打吃时，白4、6可吃黑成"胀死牛"，黑失败。

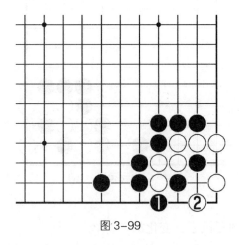

图3-99

（图3-99）黑1位渡，则白2尖仍是急所，这样白也活了，黑仍失败。

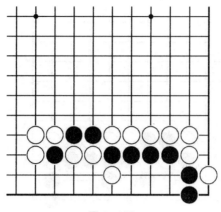

图3-100

（图3-100）这里黑的眼位过于狭窄，如果随手一挡，就不可能生还。

请找出能成为打劫活的绝妙之手。

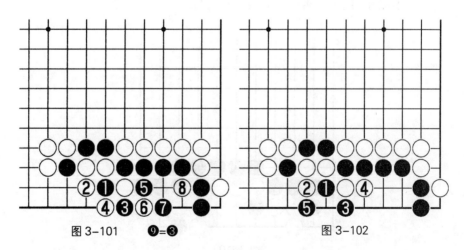

图3-101 ⑨=❸   图3-102

（图3-101）黑1先断再3位打吃是妙手，也是绝妙的一手。此着在实战中不易发现，有必要尝试一下。

白4提，黑5再打，以下至黑9提，巧妙成打劫活。

（图3-102）黑3时，白4长出，黑5一路反打，仍是打劫。

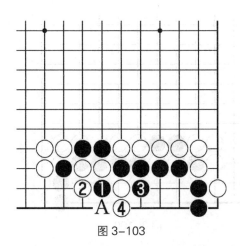

图 3-103

（图3-103）黑1断吃后，如随手在3位拐吃是大恶手，白有4位立的好手，黑无条件被杀。

白4不能在A位提，否则黑4位扑仍成打劫。

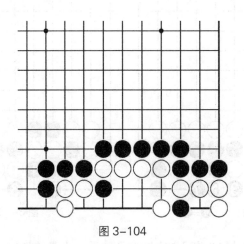

图 3-104

（图3-104）黑棋吃掉左边白三子，恐怕初级读者也会下。

然而，黑棋可以寻找更大的利益，请读者认真思考，黑棋有妙手可施展。

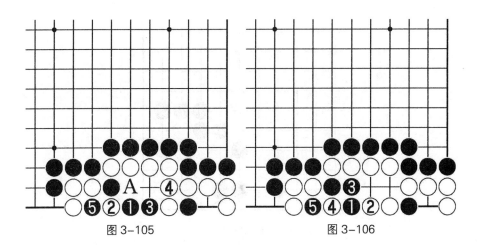

图 3-105　　　　　　　　图 3-106

（图3-105）黑1尖是手筋。白2扑是最强的抵抗，黑3先打再5位提是正确的次序，至此成打劫活。

黑3如随手在5位提，白3、黑A后，白成先手劫。

（图3-106）黑1尖时，白如2位顶，则黑3团是好手，白4也只好扑，黑5提后也是打劫。白2不能在3位打，否则黑2位打后，白成净死。

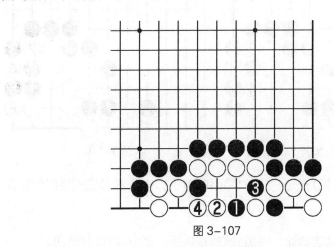

图 3-107

（图3-107）黑1打吃，大家都会想到，但白2反打是好手，黑3白4后，黑棋只能吃到尾巴，黑失败。黑1如在4位立，则白1位并即可净活。

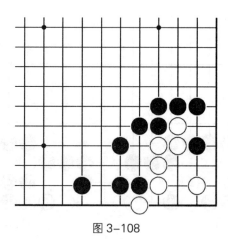

图 3-108

（图3-108）此形需要使用技巧。

由于白棋外边有气，对做眼颇为有利。黑棋应怎样夺去白棋的眼位。

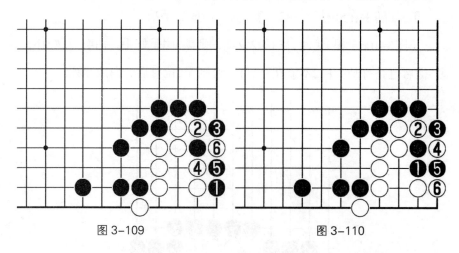

图 3-109   图 3-110

（图3-109）黑1托是"二·1"路的妙手，也是本形黑棋使用的非常手段。

白2、4冲打只能如此，则黑5做劫是强手，至白6后成打劫活。

（图3-110）黑1位顶是俗手，白2、4先冲再扑是好棋，然后于6位挡后，白成净活，黑失败。

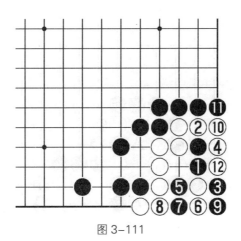

图 3-111

（图3-111）白2冲时，黑如3位扳，则白4阻渡，黑5打，白6立下关键，黑7、9虽可提掉白两子，但白10、12紧气后，由于白外边有两口气，攻杀结果白快一气获胜，黑仍失败。

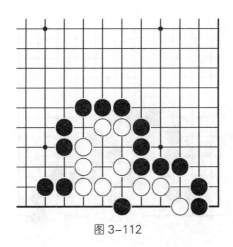

图 3-112

（图3-112）怎样利用黑点进去的一子是本形的关键。走成打劫就算成功。

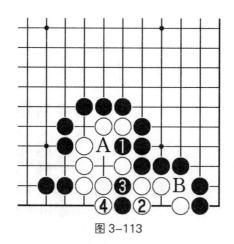

图 3-113

（图3-113）黑1冲后，白2做眼是最强的抵抗手段。这时黑如A位轻率冲进，白占B位就成为活棋的格局。

黑3扑是弃子妙手，为进一步使用手筋创造了条件。现在的问题是白4提后，黑怎么下。

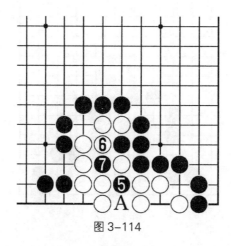

图 3-114

（图3-114）接前图。黑5再次扑入又是妙手，白6除了做劫别无他法，至黑7提成打劫。白6如果在A位提一子，则黑占6位，白成净死。

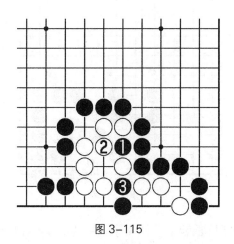

图 3-115

（图3-115）黑1冲时，白2如直接做劫，不能说是最强的应手。黑3
断打后，仍是打劫。

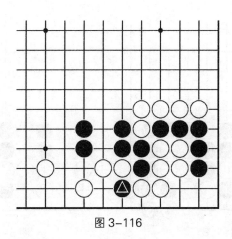

图 3-116

（图3-116）看来这角上是不可能有手段了。然而角实在是神奇，请
充分利用黑⬤一子。

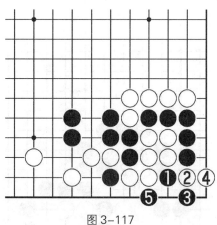

图 3-117

（图3-117）黑1是妙手。知道了这一点，会觉得这妙手平常无奇，但要融会贯通，非得悉心钻研不可。

白2断打当然，在这里黑3是利用角部特点的妙手。白4立，黑5做劫是正解。

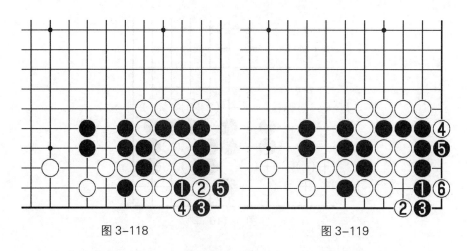

图 3-118　　　　　　　　　　图 3-119

（图3-118）黑3时，白4如果提，黑5反打，角部仍是打劫。

（图3-119）黑1单长是乏味的大恶手。白2尖后，再于4、6位扳点眼，黑棋简单不活，显然失败。

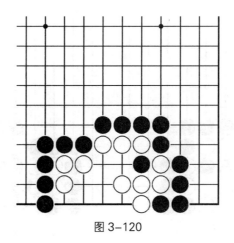

图 3-120

（图3-120）攻击白棋有很多选择，但真正的急所只有一个。

攻击的次序颇为重要。

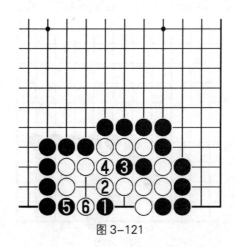

图 3-121

（图3-121）黑1点入是唯一的急所，也是此际的妙手。

白2如压，则黑3长出好次序。白4只好提两子，黑5渡过后，白6扑成为劫争，这是正解。

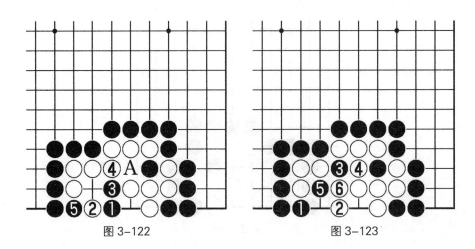

图 3-122　　　　　　　　　　图 3-123

（图3-122）对黑1点，白如2位尖，则黑3长后再于5位打，白两边无法入子，成被杀状态，白失败。

白2如在A位提，则黑3位冲后，结果同本图一样。

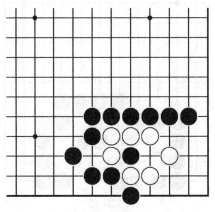

图 3-124

（图3-123）黑1如随手拐，则白2尖占据急所，黑3、5虽可吃到白三子，但白6做眼后，黑已无法吃到整块白棋。黑失败。

（图3-124）怎样夺取白角上一眼是本形的关键，不可能无条件杀白。

第一手需要花些工夫，也是本形的攻击妙手。

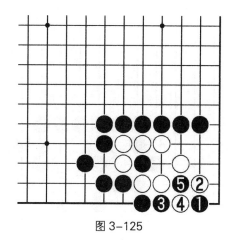

图 3-125

（图3-125）黑1点是"二·1"路的妙手。白2也只此一手，至黑5提后成打劫。

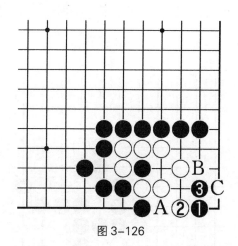

图 3-126

（图3-126）对黑1，白2是乏味的应法，黑3长后成无条件杀白。

白2如走A位，经黑B、白3、黑C、白2，这是两手劫，对白更为不利。

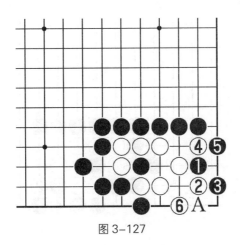

图 3-127

（图3-127）黑1、3托后再扳，一般情况下是严厉手法，但此时却不适用。

白4先打一手再6位补是好次序，下一手即使黑走A位扑，这样将成连环劫，黑也不行。

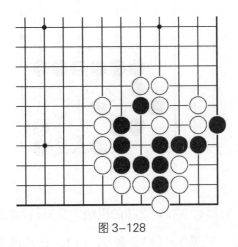

图 3-128

（图3-128）现在黑棋上边有半个眼。这样一来，因为是在角部，所以必须讲究手段，争取在角上先手做出一个眼。

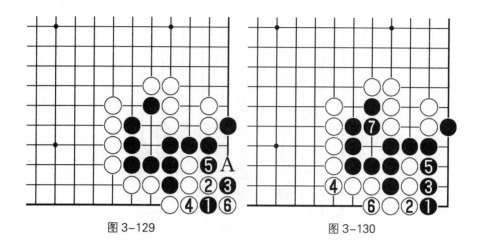

图 3-129　　　　　　　　图 3-130

（图3-129）黑1点是做眼的妙手，白2时，黑3扳重要。白4粘，则黑5打，白6提，角部形成打劫。白4如走A位打，则黑5断打，仍是打劫。

（图3-130）黑1点时，白2如粘的话，则黑3。白为了避免接不归，以下白4、6只能接回。这样黑在角上达到先手做眼的目的，再于7位做出一眼，就能成净活。

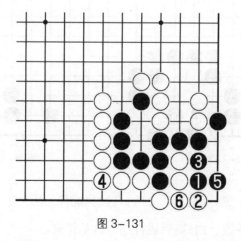

图 3-131

（图3-131）黑1如单夹，则白2扳，黑3打吃时，白4接回好手，以下至白6粘，黑已无法做活，黑失败。

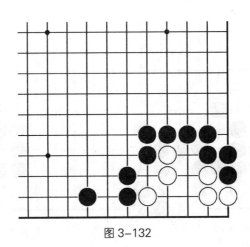

图 3-132

（图3-132）形态虽很简单，但变化并不简单。只要找到攻击的妙手，就能走成打劫。

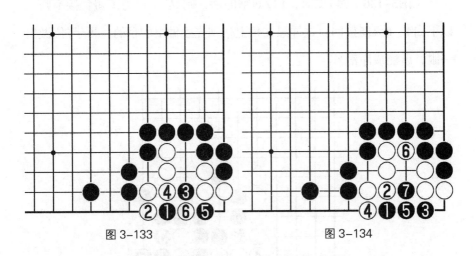

图 3-133   图 3-134

（图3-133）黑1点是形的急所，白2只能挡，黑3尖，白4打吃时，黑5做劫是最强的手段，白6提后成打劫，这是正解。

（图3-134）对黑1点，白如2位团，黑3托角是好手，以下进行至黑7双方成必然，由于角上成"丁四"形状，白无条件死，肯定失败。

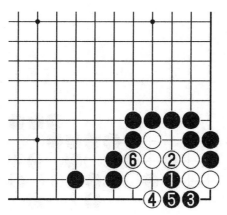

图 3-135

（图3-135）黑1如直接点眼如何？白2粘必然，黑3扳时，白4尖是要点，至白6粘后，形成双活，黑失败。

黑3如在4位尖，则白3位立，黑也不行。

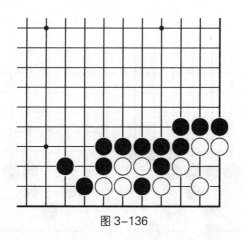

图 3-136

（图3-136）此形选自《棋经精妙》一书。该书作者是日本林家十一代孙、天保年间的准名人林元美。他还著有《棋经众妙》一书，在死活问题上颇有研究。

这是一道很有名的死活题，如能利用角上的妙手，可走成打劫。

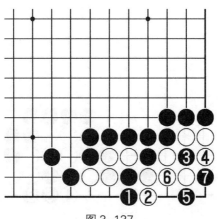

图 3-137

（图3-137）黑1立是非常含蓄的一着，利用此着，就致角部白棋最终无法紧气。

白2如挡，黑3扑是手筋，白4提之后，黑5托又是好手，白6接，黑7扑成打劫。

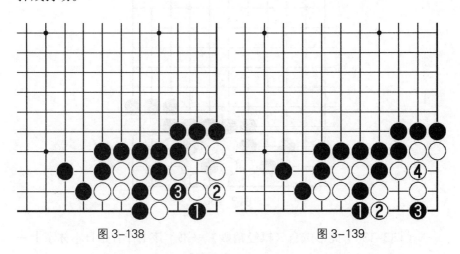

图 3-138　　　　　　　　　　　　图 3-139

（图3-138）黑1托时，白2粘，黑3扑后仍是打劫。

（图3-139）白2挡时，黑3如先托会怎样呢？白4接是好手，黑无计可施，显然失败。

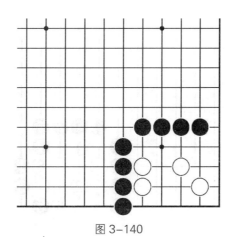

图 3-140

（图3-140）本图子数虽很少，但变化却很复杂。

请注意行棋的次序，白棋的形状颇有弹性。

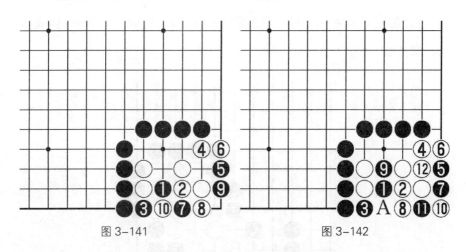

图 3-141　　　　　　　　　　图 3-142

（图3-141）黑1夹是攻击的急所，白2团是最强应手。白4尖时，黑5先点再7位扳是正确的次序，以下至白10提成打劫，这是正解。

（图3-142）前图白6挡时，黑7爬如何呢？

白8立是好手，黑9只能如此，否则白A位可做成一眼。以下白10扑后再12位打，角上黑成"胀死牛"，黑失败。

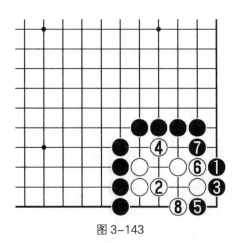

图 3-143

（图3-143）黑1飞，在实战中经常可以见到，也属于攻击的手筋，但此时却次序有误。

白2做眼是双方的急所，黑3爬时，白可4位做眼，以下至白8成净活，黑失败。

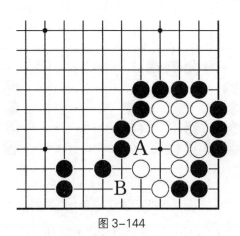

图 3-144

（图3-144）请向常识挑战。

无论怎样看，A位与B位似乎成了见合。虽像是活棋，但黑还是有妙手可施展的。

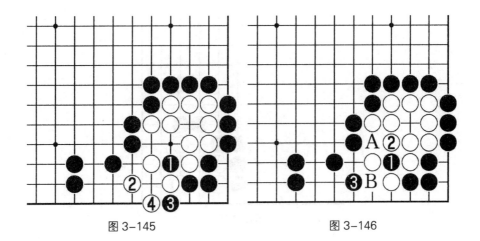

图 3-145　　　　　　　　　　图 3-146

（图3-145）黑1扑确实是出奇、严厉的一手，极易被人忽视。

白2尖是最顽强的抵抗，黑3打时，白4做劫，这是正解。

（图3-146）对黑1扑，白2提，被黑3尖后，A、B两点成见合，白无条件被杀，显然失败。

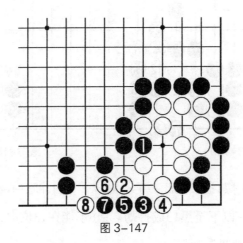

图 3-147

（图3-147）黑1位冲，则白2尖后黑不行。黑3如强行点入，以下至白8成净活，黑失败。

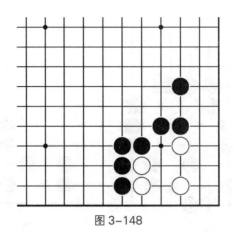

图 3-148

（图3-148）这是实战中形成的棋形。黑棋要想净杀白棋不可能，走成打劫就算成功。

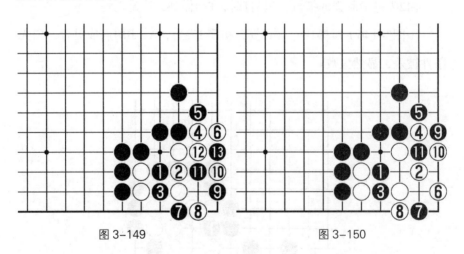

图 3-149　　　　　　　　　　图 3-150

（图3-149）黑1扳，只此一手。白2粘，黑3冲吃白两子必然。白4扳后再6位立正确，以下至黑13成打劫。白6不能在13位虎，否则黑7、9扳点后，形成"大猪嘴"死形。

（图3-150）黑1扳时，白2尖一手，则黑3仍冲。白4、6扳虎后，黑7先点再9位打次序正确，至黑11提仍是打劫

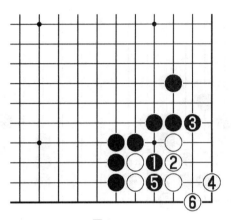

图 3-151

（图3-151）白2粘时，黑3位立，则白4位跳是活棋的急所。黑5只能冲，白6做眼即可成净活，黑棋失败。

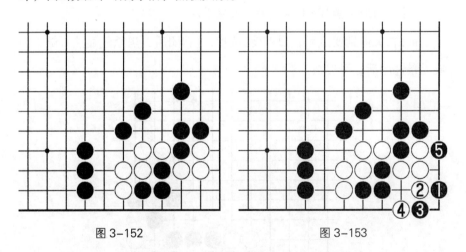

图 3-152　　　　　　　　　　　图 3-153

（图3-152）角上虽有手段，但从何处着手好呢？

真有点举棋不定。请注意角上的急所，可使白棋形成打劫活。

（图3-153）黑1是埋伏在"二·1"路的妙手。

白2如压，则黑3仍然在"二·1"路上扳是强手，白4打时，黑5扳形成打劫。

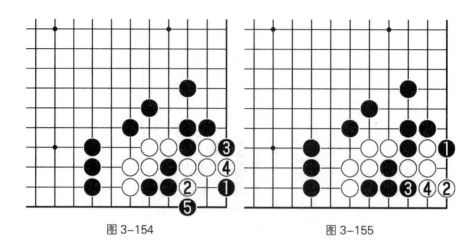

图 3-154   图 3-155

（图3-154）对黑1点，白2挡是坏棋，黑3先扳，白4时，黑5可一气吃掉白五子，白失败。

（图3-155）黑1随手扳一手是大恶手。

被白2尖占到要点后，黑即使3位拐，白4团后，黑杀气显然不够，白成无条件净活，黑失败。

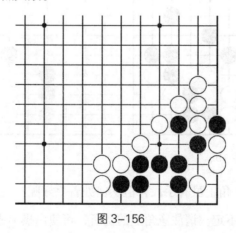

图 3-156

（图3-156）黑棋要想出棋，使用一般的着法很难奏效。

必须利用角上的特殊性，发现妙手即可形成打劫活，这也是唯一的办法。

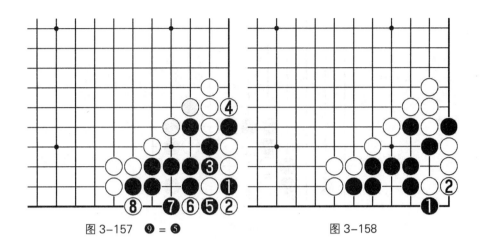

图 3-157　❾ = ❺　　　　　　　　　图 3-158

（图3-157）黑1扑，是"二·1"路上的妙手，也是此时唯一能起死回生的着法。

白2提只能如此，黑3再打吃是次序，然后于5位扑，以下至黑9提成打劫活。

（图3-158）黑1位扳，白2团是急所，黑无计可施被吃，显然失败。

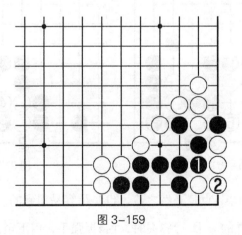

图 3-159

（图3-159）黑1打吃，白2位粘，黑仍不活。由此可以看出，2位是双方的急所。

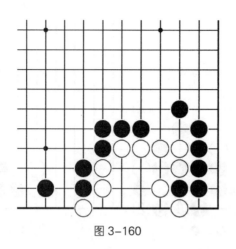

图 3-160

（图3-160）有人一看就会说，黑棋吃白太简单了。

其实不然，白棋有最顽强的抵抗手段，使黑无法净吃白棋。

做死活题，如果不把对方最强应手考虑进去，答案都不能算正解。

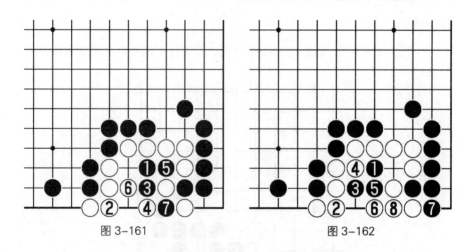

图 3-161   图 3-162

（图3-161）黑1点是必然之着，也是最容易想到的一手。

白2粘是最强的应手，黑3夹时，白4扳强手，以下至黑7成劫争。

（图3-162）白2粘时，黑3位尖，白4、6后，至白8接，成双活，黑
失败。

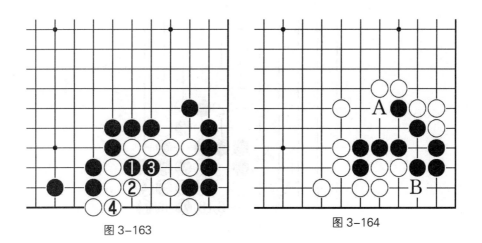

图 3-163　　　　　　　　　图 3-164

（图3-163）黑1断不好，白2打吃后再于4位粘，白无条件成净活，黑失败。

（图3-164）乍一看A、B两点难以两全，但发现了妙手就可解围，需尽力而为。

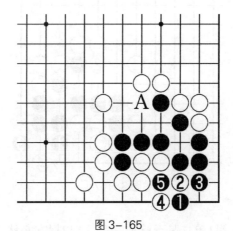

图 3-165

（图3-165）黑1跳是妙手，白2挖到白4走成劫争为最佳结果，至黑5成打劫。

白4不能在5位粘，否则黑A位做眼成净活。

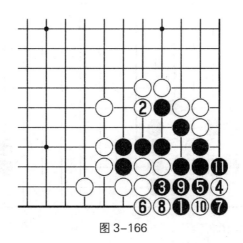

图 3-166

（图3-166）对付黑1，白如2位拐的话，则黑3扩大眼位，白4点后，以下至黑11止，白成"胀牯牛"而黑活。

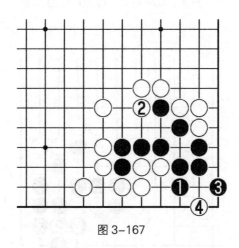

图 3-167

（图3-167）黑1单立是乏味的一手，白2拐吃必然，黑3做眼时，则白4点眼，黑无法成活。黑1如走2位，则白1位扳，黑也不行。

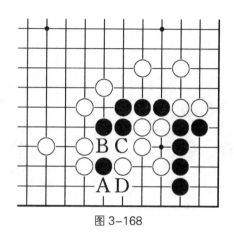

图 3-168

（图3-168）黑棋能吃掉切断黑的几个白子吗？

黑A、白B、黑C、白D是必然的次序，但黑棋的下一手是出人意料的下法。

请注意白棋有反击的最强应手。

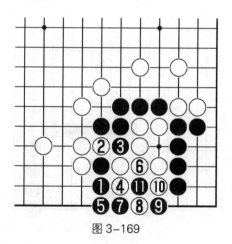

图 3-169

（图3-169）黑1立至白4挡均是必然之着。此时黑5立是难以想到的妙手。

白6粘是最强的应手，黑7拐必然，以下至黑11成打劫是正解。

267

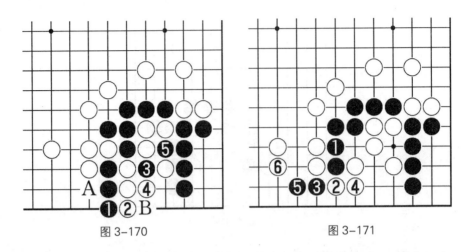

图 3-170   图 3-171

（图3-170）黑1立时，白2如挡可导致紧气。黑3扑是好棋，至黑5打吃，白三子已接不回，白2如于A位紧气，则黑于B位跳，结果同本图一样。

（图3-171）黑1如接上边是错着，白2渡过后，黑3断时，白4可接右边，以下至白6双，黑对杀慢一气而被吃，显然失败。

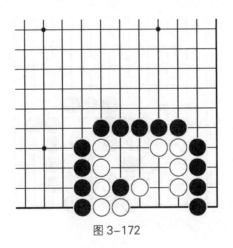

图 3-172

（图3-172）乍一看好像白棋已活净，其实黑有妙手可使白棋变成打劫活。

第一手是本形的关键。

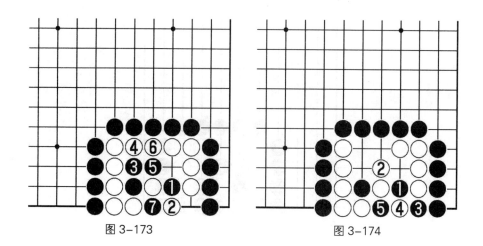

图 3-173　　　　　　　　　　　图 3-174

（图3-173）黑1挖为奇手，也是绝妙的手筋。

白2如下边打，则黑3长出是好手，以下至黑7成打劫杀。

（图3-174）对黑1挖，白如2位退的话，则黑3、5是劫争。

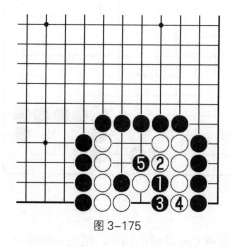

图 3-175

（图3-175）白2从上面打吃，黑3立是好手，待白4挡住后，黑5断后白无条件死，白失败。

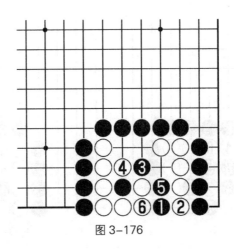

图 3-176

（图3-176）黑1点看似妙手，但被白2挡后，黑3扳，则白4提一子，黑5冲时，使用白6这冷静的一手而成活，黑失败。

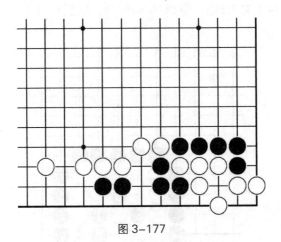

图 3-177

（图3-177）此题是死活棋的精华。虽然正解颇出人意料，但因实无他路可走，故有人反而能想到。

这道题颇有些盲点，但对启发思路大有益处。

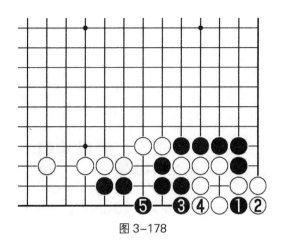

图 3-178

（图3-178）黑1扑是出乎意料的妙手，借牵制白棋弱点之机，实际上先手紧了对方气，为3位立创造了有利条件。白2因暂无应手，只得提黑一子。黑3立成为先手，然后再于5位从容做活。但白有顽强的应手。

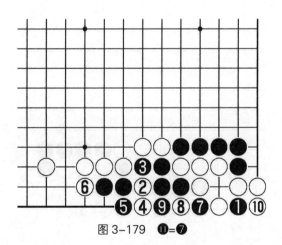

图 3-179　⓫=❼

（图3-179）对黑1扑，白2挖是最强的应手，黑3、5吃白两子，白6拐吃时，黑7趁势扑入。以下至黑11提，结果成为劫争对杀，将白角一同卷入。就局部而言，这个结果是双方的最强应手。

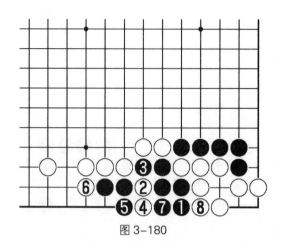

图 3-180

（图3-180）黑如1位单立，白2挖是及时的好手。黑3打吃，白4立，然后顺势于6位先手打，再走8位补，结果是黑净死，黑失败。

自2如在8位接，则黑于4位即可做活。

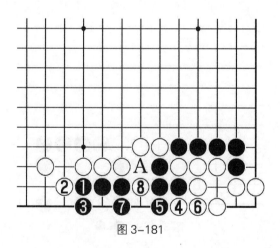

图 3-181

（图3-181）黑1、3如在左边扩大眼位，白4扳、6接，由于黑气太紧，已无法做活。至白8挖，黑失败。

黑7如改走A位，则白于7位点，黑仍不行。

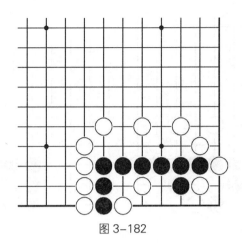

图 3-182

（图3-182）黑棋要利用右下边白棋的接不归。但黑棋要走出巧妙的手筋才会成功。

注意白棋也有强烈的抵抗手段，结果只能打劫。

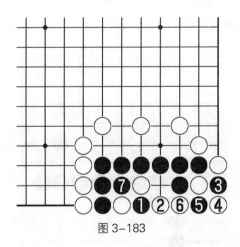

图 3-183

（图3-183）黑1扑是巧妙的手筋，让白2提取，然后黑棋再采取3、5位的弃子战术，白6提取时，黑7的意图是使白棋接不归，但这只是一厢情愿。

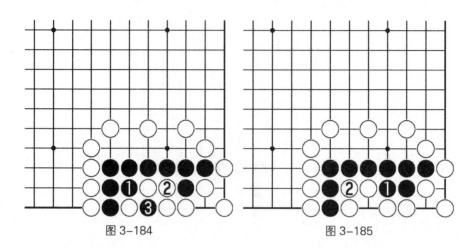

图 3-184　　　　　　　　图 3-185

（图3-184）接前图。当黑1打吃时，白棋有2位团的强烈抵抗手段，黑3只能走成劫争。

白2如粘任何其他点，都将形成接不归。

（图3-185）前图黑1如于本图1位紧气，则失去机会。

白2团是出人意料的妙手，至此黑提取白三子已无法成活，黑失败。

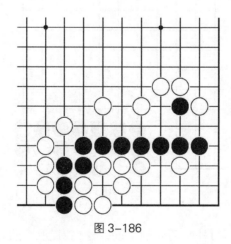

图 3-186

（图3-186）这是一道比较难的死活题。黑棋应考虑如何冲击白的缺陷。

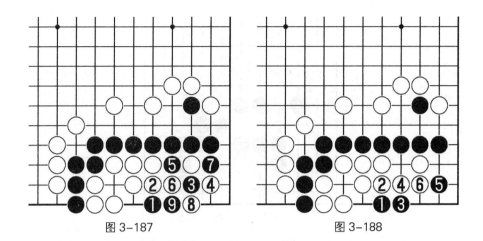

图 3-187　　　　　　　　　图 3-188

（图3-187）黑1点是攻击的急所。白2团时，黑3夹又是好手，白4扳，黑5打，以下至黑9扑后，成打劫，这是双方的最强应手。

黑3夹时，白4如走6位顶，则黑4位退，白9、黑5断后，黑活了。

（图3-188）白2团时，黑如3位长是错着，白4贴巧妙，黑5、则白6，之后黑两子已连不回去，因为白有吃接不归的手筋，黑失败。

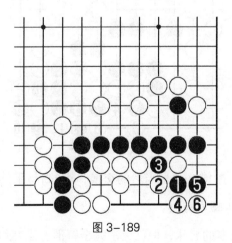

图 3-189

（图3-189）黑1如单夹如何呢？被白2虎后，即使黑3、5抵抗，而白6爬后，黑也无法成活，仍是失败。

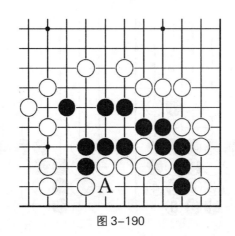

图 3-190

（图3-190）黑应充分利用右下角的接不归味道和白A位的缺陷，争取做出一眼。

决定性的一着，不容易被发现。

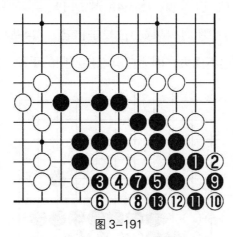

图 3-191

（图3-191）黑1与白2是当然的交换，黑3断是手筋。白4打时，黑5拐看似平淡，其实颇为有力。

白6提解消很多的恶味，但已无法完全解消。黑7紧贴又是好棋。白8如扳，则黑9、11两扑是好次序，然后顺其自然地在13位打吃。至此白左右两边的劫只能补上一边，形成劫争。

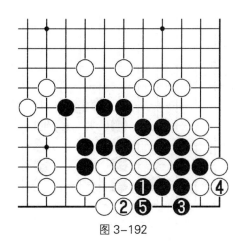

图 3-192

（图3-192）黑1紧贴时，白2如粘解消左边之劫争，则黑3立下是先手，白4接迫于无奈，黑5可以做出一眼，成无条件净活，白失败。

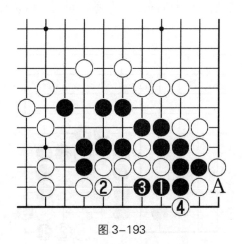

图 3-193

（图3-193）黑1单拐是乏味的大恶手，白2粘是绝好的一手，至此黑棋绝望。至白4扳后，黑已无计可施，黑失败。

白2千万不能随手在3位挡，否则被黑A位扑后，将成打劫活。

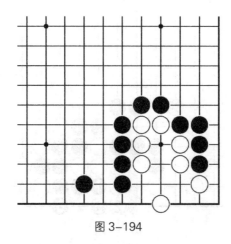

图 3-194

（图3-194）"倒脱靴"是围棋死活中的巧妙手法，先送给对方吃几子，然后再反吃回来，以达到做活、杀棋的目的。本题是利用"倒脱靴"杀棋，但白棋是否按黑棋的路子走还是问题，请认真思考。

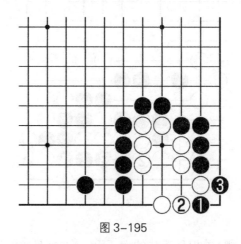

图 3-195

（图3-195）作为死活研究，要想出对方的抵抗方法。所以，黑1夹时，白就要深算，首先要想：黑为什么送子给你吃？因此，白2是最佳应手，至黑3打成劫争。

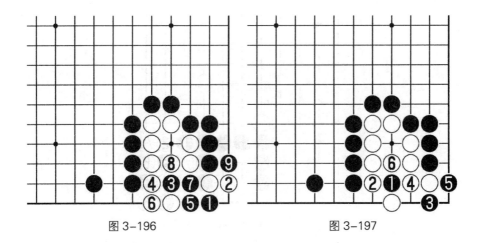

图 3-196　　　　　　　　　图 3-197

（图3-196）黑1夹时，白2如立下则上当受骗。黑有3、5位关联的好手，然后于7位接送白吃四子，但黑9打吃后，形成典型的"倒脱靴"，白失败。

（图3-197）黑1位靠是平庸之手，白2冲必然，黑3再夹时，白可4位接，以下至白6成净活，黑失败。

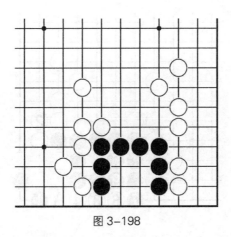

图 3-198

（图3-198）乍一看黑棋怎么也是死棋，高手也会迷惑。但事实却并非如此。此题既有趣也颇有应用价值。要在角上借劲才能找到答案。

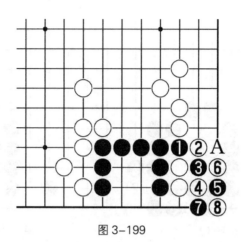

图 3-199

（图3-199）黑棋自身范围小一点，也不能直接找出白棋角上的毛病，但可以利用白棋的断点。黑1冲和白2挡是必然之着，黑3、5、7相当有趣，也是此时绝妙的下法。

白6如走7位也不行，因黑有A位打。以下走至白8提，白只有打劫，如想避免劫争，则必将失败。

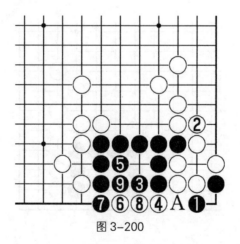

图 3-200

（图3-200）黑1扳时，白2如粘回避免打劫，则黑3做眼是好棋。由于黑在角上先巧妙地交换了几手，以下至黑9打，白A位已接不上，黑无条件做活，白失败。

白2在A位挡也不行，因为黑4打变成先手，也可简单做活。

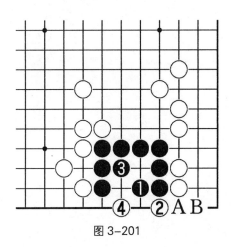

图 3-201

（图3-201）黑1如直接做眼如何？白只要2、4位扳点，黑没能利用角上的便宜，简单被杀。

黑1如在A位扳，则白B挡，黑也不行。